VENDEDOR DE CLASE MUNDIAL

Capacidad para vender cualquier producto o servicio en cualquier parte del mundo

Número de Control de la Biblioteca del Congreso de EE. UU.:   2012911767
ISBN: Tapa Dura   978-1-4633-3105-4
                Tapa Blanda   978-1-4633-3104-7
                Libro Electrónico   978-1-4633-3103-0

Este libro fue impreso en los Estados Unidos de América.

Para pedidos de copias adicionales de este libro, por favor contacte con:
Palibrio
1663 Liberty Drive
Suite 200
Bloomington, IN 47403
Llamadas desde los EE.UU. 877.407.5847
Llamadas internacionales +1.812.671.9757
Fax: +1.812.355.1576
ventas@palibrio.com
415109

ÍNDICE

CAPITULO 19

NOTAS SOBRE EL AUTOR:

José María Mercado Velasco; es una persona con firme solidez científica y estudios en el campo que lo avalan, posee una gran experiencia en el ramo de la Sociología y las ventas y ha probado todos y cada uno de los elementos mencionados en esta obra. Terminó sus estudios de filosofía graduándose con Summa Cum Laude* en el Seminario Jesuita. Hizo estudios de física teórica, así como el curso en Scientology del Data Series (Análisis científico de datos) con el cual proyecta una firme y solida condición metodológica en el nivel científico, también ahí mismo, curso el Doctorado de Philadelphia. Actualmente se dedica a la consultoría de empresas y a la implementación de los sistemas de calidad.

El editor.

---

*Summa Cum Laude: Con máximas alabanzas (excepcional).

PROLOGO

El presente libro, dedicado a todos los vendedores del mundo tiene dos características: La primera por ser una Re-Ingeniería de ventas nos compromete a la mejora del tema y La segunda como contamos ya con todos los prolegómenos para ser ciencia elevamos las ventas a la categoría de nivel científico.

Pero no nos debe intimidar esta nueva posición, ya que la ciencia tiene la facultad de predecir y poder saber con anticipación que resultados se obtendrán.

Para ti vendedor, si te mueves en el terreno científico las cosas serán más fáciles, de ahí la necesidad que tienes de aplicar con precisión los datos, observar los resultados para saber hacia donde te estas dirigiendo, enfocándote siempre a tu meta final: Que debe ser vendedor de clase mundial, que por definición es; Capacidad para vender cualquier producto o servicio en cualquier parte del mundo, y de cada diez prospectos diez ventas o sea el 100% de los prospectos atendidos.

También te queremos informar que pasaron muchos años para lograr el nivel científico por lo que no debes de menospreciar este nivel, si no tomarlo con cariño y el respeto que merece ya que el nivel científico costo mucho trabajo lograrlo y obtenerlo; por lo que te pedimos que lo utilices como se indica en este libro con la precisión que se requiere.

Es importante que tomes en cuenta que el nivel científico es totalmente predecible, ya que contiene leyes naturales, y las ventas cuando se vuelven impredecibles o aleatorias es porque no se está considerando desde una base científica.

BIENVENIDA AL LECTOR

Bienvenido lector, si eres vendedor mis felicitaciones, ya que tu generaras el activo de tu empresa, mantienes la acción funcionando y proporcionas los elementos necesarios para la continuación del trabajo; por lo tanto mis sinceras felicitaciones para ti; hay que tomar en consideración, que el vendedor es el individuo más importante en una empresa u organización. Y eres quién trae el negocio a la empresa.

Por lo tanto a ti vendedor te deseo un éxito seguro si aplicas los datos y los usas correctamente como aquí se indica.

Imaginemos un mundo sin vendedores, ¿cómo sería? Sería un mundo donde no existiría el comercio, simplemente desastroso y con una gran pobreza.

Sin embargo tú eres el creador de la riqueza, y cada vez que haces una venta mereces sentirte orgulloso porque estas generando acción.

¿Qué esperan de ti los jefes?

Los jefes esperan que ese dinamismo que tú muestras en la vida se muestre en tu trabajo y puedas lograr mejores ingresos.

Ahora bien, si tú lector no eres vendedor, verás que muchos de los datos que aquí se usan se aplican a la vida misma por lo que te sugerimos que continúes leyendo, no te sientas desplazado por las loas que vertimos en el vendedor, sino que las puedes considerar igualmente propias para ti.

Pero tú te preguntarás vendedor, ¿cuál es el dato básico fundamental en las ventas? Aunque te estás adelantando un poco quiero darte ese dato para que lo tengas muy en mente y listo para usarse, ese dato es el siguiente: el dato fundamental de la venta es el ACUERDO no hay ningún otro dato más básico que éste, más adelante, tendremos información completa sobre el acuerdo.

¿Pero cómo se mide la eficiencia de un vendedor?, hemos desarrollado una métrica para eso, si un vendedor, de 10 prospectos hace 10 ventas, será un vendedor de clase mundial, si un vendedor de 10 prospectos hace ocho ventas será un vendedor que no está usando los datos o no los ha entendido; si un vendedor de 10 prospectos, hace seis ventas; bueno eso hasta mi abuelita lo haría.

Con esto te invitamos para que seas un vendedor clase mundial, no menos, de está manera los datos que te vamos a dar en éste libro son valiosos, por favor asimílalos, compréndelos, úsalos correctamente y serás un vendedor clase mundial.

Ahora bien, ¿pero qué es un dato? Un dato es una parte de conocimiento del cual deriva más conocimiento, siempre y cuando éste dato derive de una ley natural, por ley natural queremos decir aquella que siempre se cumple sin excepciones.

Las leyes naturales están al nivel de las leyes de la física, química y matemáticas, por lo que corresponden a la ciencia misma, pero no tengas miedo porque estemos trabajando a nivel científico, simplemente comprende el dato, úsalo y veras los resultados.

CAPITULO 1
RE-INGENIERÍA
EN LAS VENTAS

Re-Ingeniería de Ventas

Palabras clave

- **Ingeniería:** Aplicación de las ciencias, a la invención fisicomatemática, perfeccionamiento y utilización de la técnica industrial. Conjunto de los estudios que permite determinar, para la realización de una obra o de un programa de inversiones, las orientaciones más deseables, la mejor concepción, las condiciones de rentabilidad óptimas y los materiales y procedimientos más adecuados.

- **Re-Ingeniería**: La aplicación de principios científicos, para mejorar los procesos y adecuarlos a los requerimientos del cliente.

- **Venta:** Es crear una acuerdo entre el vendedor y la persona que utilizara el producto o servicio.

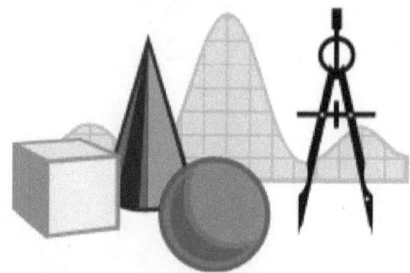

RE-INGENIERÍA

La Re-Ingeniería toma los procesos existentes y los modifica o los re-estructura según sea necesario, al mismo tiempo crea nuevos procesos, logrando que estos procesos sean más efectivos.

La Re-Ingeniería se enfoca al *producto final valioso, tratando de hacerlo tan valioso como sea posible, así es que hay tres pasos esenciales en la Re-Ingeniería:

1ro. Afinar o re-estructurar los procedimientos.

2do. Enfocarse al *producto final valioso, esto sería enfocarte a darle realmente algo valioso a tu cliente que tenga la calidad "útil para el uso" y como vendedor, si te es posible, un paso más sería la satisfacción total de tu cliente por adquirir algo que realmente necesitaba y deseaba.

3ro. Obtener un producto final tan valioso que sea irresistible a su adquisición.

---

*PRODUCTO FINAL VALIOSO: Es aquel que puede ser intercambiado porque tiene un valor x, y mientras sea "apto para el uso" tendrá valor.

LA RE-INGENIERÍA EN LAS VENTAS

La re-ingeniería en las ventas, es estructurar todo el proceso para ver si necesita o requiere cambios, modificaciones y/o mejoras, adecuadas al momento.

En el caso de la venta actual prácticamente la re-ingeniería esta hecha, pero no se tome como una condición definitiva, sino que siempre con el espíritu de mejorar aquello, por muy bien que se crea que esté. Por ejemplo en el caso de la presentación, se le agrego la calidad de alcance y la presentación misma, la cual debe dar por resultado, una aceptación práctica del producto o servicio.

Además la re-ingeniería esta presente en las ventas, por los cambios que en el entorno puedan suceder, ver a continuación la dinámica del cambio.

PRINCIPIOS DE LA DINÁMICA DEL CAMBIO

1.-   En este universo nada permanece igual, lo que no mejora, empeora.[1]

2.-   Todo grupo, organización o empresa transcurren en el tiempo.

3.-   La organización se mueve en el tiempo e interactúa con su entorno.

4.-   Los cambios en el entorno inciden en la organización y esta los:

    a)   Asimila.
    b)   Ignora
    c)   Mal interpreta
    d)   Aprovecha
    e)   Utiliza
    f)   Pasa por alto
    g)   Controla
    h)   Reprocesa

5.-   Los cambios internos de la organización se dan en función de: esfuerzos y contra esfuerzos externos, cuando el cambio no ocurre la organización sucumbe o tiende fuertemente a ello.

6.-   Toda organización con problemas, es porque tiene esfuerzos y contra esfuerzos con los cambios y estos la están rebasando.

7.-   La organización moderna debe estar a la vanguardia de los cambios que se generan en su entorno.

8.-   La tecnología de la dinámica del cambio maneja, estructura y controla el entorno.

9.-   La empresa saludable es la que puede predecir y reprocesar el cambio.

10.- Los fenómenos del cambio son permanentes y están en función de la dinámica en su momento.

CAPITULO 2
CERTEZA

CERTEZA

Usando las leyes naturales en las ventas tendremos certeza al vender, en forma causativa, no al azar o aleatorio

Cuando se estudia un tema, debe uno estar libre de datos falsos, ya que de lo contrario la persona se vuelve incapaz de aprender nuevos conceptos.

Dato de Magnitud Comparable

By- L. Ron. Hubbard

El Ser humano opera a base de datos

Dato
Original

Dato
Nuevo

Este Universo opera a base de dos terminales. Ejem.:
Bueno / Malo, + / -, Hombre / Mujer, etc.

Así, para evaluar un DATO se requiere otro
DATO de magnitud comparable.

Así cuando tienes un dato y lo comparas con el primer
dato que tienes, este puede ser fácilmente asimilable
si es similar al que tienes o puede crear confusión si
es diferente al que tienes, para resolver esta confusión
hay una máxima que dice, "cuando dos hechos son

contradictorios uno o los dos son falsos" LRH (Data Series).

El Conocimiento es Certeza

By- L. Ron. Hubbard

Definición de Dato: Una parte de conocimiento de la cual deriva más conocimiento. (lat. Datum).

Cuando un DATO esta basado en leyes naturales como las leyes de gravitación, hidráulica, electricidad y que son evidentemente comprobables.

Se considera un DATO verdadero.

Con DATOS verdaderos las decisiones son correctas y analíticas.

UN DATO VERDADERO ORIGINA MAS DATOS VERDADEROS

Cuando un DATO esta basado en fuente de datos falsos como: Opiniones, Experiencia, Autoridad, Superstición e Ideas fijas, se considera un DATO falso, porque estas son fuentes de datos falsos.

Con DATOS falsos las decisiones son incorrectas y aberradas (desviadas del propósito).

Un DATO falso origina más datos falsos.

Ahora bien si estás operando en datos falsos, estarás tomando decisiones que no tendrán buenos resultados o los resultados esperados.

Por eso la importancia de evaluar los datos con los que estas operando.

Primero que nada permíteme darte un ejemplo de esto, no se en que momento y porqué, en las escuelas en México, los temas de Física, Química y Matemáticas se volvió algo "difícil de comprender".

"Difícil de Comprender" es un dato totalmente falso, porque aquí esta la educación en el terreno científico, y los chicos al recibir esta información, se predisponen a entender y a aprender Física, Química y Matemáticas, lo que impide que nuestros chicos entiendan, analicen y comprendan las cosas en un nivel LÓGICO y científico.

Este dato falso esta aniquilando nuestra educación en México.

Así en las ventas, se han introducido una gran cantidad de datos falsos, si estos no se analizan entonces no se podrá comprender los nuevos conceptos en la Técnica de la Venta.

CAPITULO 3
LOS DATOS QUE SE
USAN EN LA VENTA

LOS DATOS QUE SE USAN EN LAS VENTAS

Los datos que se usan en la venta son la parte vital de todo el proceso, en la Re-Ingeniería, se contempla la necesidad de utilizar datos verdaderos, pero sobre todo, precisos, que siempre funcionen, no solo en casos especiales, y que tengan la cualidad de ser guías perfectas de actitud para el vendedor.

Los datos falsos que se han usado por mucho tiempo en las ventas deben ser revisados y eliminados del proceso, para evitar que se opere en condiciones de inconsistencia o inseguridad.

Porque a nivel científico se requiere que inclusive el dato provenga de una ley natural; para que siempre se comporte igual sin excepciones.

EL DATO ESTABLE

El ser humano opera a base de datos, en los datos tenemos el "Dato Estable", que es un dato que no necesariamente tiene que ser correcto, pero si es un dato con el que se puede alinear otros datos y con esto manejar cualquier confusión, si la hubiera. Es simplemente un dato con el cual comenzar para poder hacer un análisis de otros datos.

Ahora para evaluar un dato se requiere de otro dato de magnitud comparable. Esto sería si estas hablando de un libro, lo tendrías que comparar con otro libro que tuviera un tema similar. Y al comparar puedes encontrar dos datos uno en un libro y otro diferente o contradictorio en el otro libro, ¿Cuál de los dos estaría correcto?, bueno ya te dimos una máxima que dice "Cuando dos datos (o hechos) son contradictorios uno o los dos son falsos" LRH (DATA SERIES).

En las ventas se puede utilizar un análisis de datos rápido, utilizando el dato que estas usando y las variables que pueda tener, si esto se alinea a otros datos, éste será un dato estable.

Muchos datos falsos pueden ser erradicados con el simple hecho de darse cuenta de estos, si no lo logras, no los puedes ver, no sabes cuales podrían ser, o cualquier otra cosa, te sugerimos ir a Scientology por un proceso de "Erradicación de Datos Falsos", es un proceso fácil y muy técnico que te permitirá ver con claridad lo correcto de lo incorrecto de los datos con los que estas operando en la vida.

LISTA Y ORIGEN DE LOS DATOS FALSOS

Todo DATO que no emane de una ley natural, axioma o principio científico, es un DATO falso.

Fuente de Datos Falsos:

1. Información

2. Opiniones

3. Experiencia

4. Autoridad

5. Superstición

6. Ideas Fijas

INFORMACION.- La información que nos llega ya sea del internet, de libros, de maestros o de cualquier fuente, no siempre es veraz algunas veces se distorsiona o llega con falsedades para su uso; solución revisar toda la información antes de ser usada, con evidencias que apoyen la veracidad de la información.

OPINIONES.- En las ventas muchas personas "opinan que…." Y "piensan que…." Pero estas opiniones nunca se basan en hechos reales, sino en suposiciones que se dan por ciertos eventos arbitrarios.

EXPERIENCIA.- (del Lat. *experiri* = comprobar) es una forma de conocimiento o habilidad derivados de la observación, de la vivencia de un evento o proveniente de las cosas que suceden en la vida. Así cuando algo sucede en nuestra vida, tomamos el evento como una experiencia, y esta si no es analizada y observada a detalle para saber que fue lo que pasó y porqué pasó, se vuelve un dato falso.

AUTORIDAD.- "Porqué lo mando yo....", es la frase favorita de nuestro jefe, ya que en su nivel de responsabilidad, la desesperación y la urgencia por lograr las metas, simplemente se emiten órdenes que se pueden o no cumplir. También cuando una persona que consideramos importante emite una opinión, nosotros la tomamos como si viniera de una autoridad en la materia, y esto no es necesariamente verdad, por lo que se puede crear un dato falso.

SUPERSTICIÓN: Es la creencia en que un determinado fenómeno o situación tiene una explicación mística, mágica o simplemente asumida cultural, social o religiosamente sin ningún tipo de evidencia científica. La superstición no resiste ningún análisis serio, ya que un dato verdadero genera más información verdadera y un dato falso no genera ninguna información valiosa, y sí puede generar más datos falsos. Es como una mentira, para sostener una mentira se necesitan decir más mentiras, hasta que llega un punto donde ya no se puede seguir adelante, porqué aparecen datos contradictorios y hechos contrarios, que crean caos y confusión.

IDEAS FIJAS.- "Es un dato adoptado, sin ser analizado o acordado por el individuo y opera en basa de él." L. Ronald Hubbard. Cuando simplemente se tiene la idea de que algo debe ser así, por que así debe ser, sin ningún tipo de análisis, se puede decir que es una idea fija, estas no le permiten al individuo observar, comparar o evaluar ningún dato, y así se vuelve un dato falso devastador. Se nubla su posición analítica y deductiva.

IDEA FIJA
By- L. Ron. Hubbard
Definición Idea Fija: Es un DATO
adoptado, sin ser analizado o acordado
por el indíviduo y opera en base de él.

LOS DATOS QUE SE DEBEN CONCIDERAR EN LA VENTA SON:

Cliente

Precio

Producto

Servicio

Satisfacción/Deleite

CLIENTE: Se le debe considerar como la persona con la que estas haciendo una negociación, realizando una acción, para que la empresa o negocio tenga una razón de ser y estar ahí, Y esto solo es posible logrando un ACUERDO.

PRECIO: El precio ha sido tomado como un dato a la ligera ya que el precio por si solo no vende, lo que vende SON LOS BENEFICIOS DEL PRODUCTO O SERVICIO. Pero el precio puede ser un beneficio, solamente hay que resaltarlo como tal.

PRODUCTO: En el producto se deben especificar claramente los beneficios que proporciona, ahora también los productos son servicios, y estos deben ser analizados, hasta encontrar todos los beneficios que proporcionen, sin caer en datos falsos.

SERVICIO: El servicio es considerado inclusive por los sistemas de calidad como algo vital para la venta y debe seguir los lineamientos que marcan los sistemas de calidad. Esto es satisfacción total para el cliente.

SATISFACCIÓN / DELEITE: Todo producto o servicio que proporcione una verdadera satisfacción o deleite será un producto de fácil venta, por lo que siempre hay que enfocar la meta de la venta a la satisfacción y deleite del cliente.

CAPITULO 4
DIFERENCIAS ENTRE
EL MARKETING
Y LAS VENTAS

DIFERENCIAS DEL MARKETING EN RELACIÓN CON LAS VENTAS.

Cuando las empresas por la razón que sea no tienen marketing, los vendedores empiezan a meterse en este campo de manera natural porque se ven obligados a eso, y el problema aparece cuando el vendedor quiere hacer marketing y también la venta, estos dos conceptos son enteramente diferentes, ya que el marketing tiene un panorama general y muy amplio, mientras que la venta debe ser totalmente personalizada.

El *marketing se puede decir de manera muy superficial, que es encontrar lo que el cliente necesita y desea. Este dato de encontrar que es exactamente lo que se necesita y desea es lo que hace un buen negocio.

La venta es atender al cliente de manera personalizada, poniendo a su alcance lo que necesita y desea.

A continuación damos a conocer una escala de comparación, para que se vea esto con más detalle.

---

*MARKETING: es el diseño, creación y transformación de un producto hasta ponerlo en las manos del usuario.

DIFERENCIAS ENTRE EL MARKETING Y LA VENTA

• Marketing es:

1. Completa perspectiva.
2. Pensar en industrias, aplicaciones y tendencias.
3. Relacionar el producto y el servicio, tipo y cantidad.
4. Analizar la información y ambiente para crear oportunidades.
5. Impersonal y analítico.
6. Sin referirse a quien compra, que tanto y calificado, en la compra hecha.
7. Correspondiente a los segmentos del mercado, unidades y volúmenes comprados.
8. Sinónimos con la estrategia y a la planeación.
9. Estrategia la cual incluirá perdida / pasando por alto algún cliente, mercados y aplicaciones.
10. Comprensión y cobertura del área completa de mercado.
11. Centralizar con otros negocios funciones de área centros de mando.
12. Orientado al producto, predominante, habilidades en análisis, planeación y coordinación.

• La Venta es:

1. Altamente selectiva.
2. Pensar en términos del cliente.
3. La gente se relaciona con la influencia de compra, quién y en donde.
4. Tomar la información y oportunidades para y del cliente.
5. Desarrollo de las relaciones interpersonales.
6. Descubrir quién compra, cuando, donde y porqué.
7. Enfatizar a los clientes como entes y volúmenes de compra.
8. Sinónimos de las tácticas con las acciones planeadas.
9. Tácticas diseñadas para el seguimiento de cada negocio y no perder al cliente.
10. Administración de las zonas de venta con límites definidos.
11. Descentralizar para servir al cliente en su lugar.
12. Orientar a los vendedores, predominantemente en habilidades de interpretación de las necesidades y deseos de los clientes.

CAPITULO 5
¿EL PRECIO VENDE?

¿EL PRECIO VENDE?

Hay un cierto nerviosismo por parte del vendedor con respecto de si debe de hacer descuentos o dar su producto o servicio más barato.

Las razones principales de esto es: "la *necesidad* de vender a como de lugar", "Tengo que cumplir una cuota de ventas", "necesito el dinero urgentemente", etc.

Pero la verdad es que nada de esto es válido para un buen vendedor.

Un buen vendedor no necesita vender por precio, él puede vender por la Calidad del producto o servicio y manejar cualquier objeción o duda de su cliente.

No obstante, cuando tenemos una competencia que vende mucho más barato que nosotros, nos crea ansiedad y esto nos hace vender por precio.

Bueno déjame decirte que el precio ES un beneficio, y lo que vende realmente es; los BENEFICIOS, que le puedas ofrecer a tu cliente.

Ahora bien cuando tu producto o servicio es muy técnico, y tienes la necesidad de usar términos técnicos, no se te olvide mencionar el *beneficio* que aporta esa técnica.

FALACIA

¿El precio vende?

Si es afirmativo ¿Porqué?

Si es negativo ¿Porqué?

Si no vende el precio, ¿Qué es lo que Vende?

LOS BENEFICIOS

Beneficio: es el dato de magnitud comparable que el cliente tiene en su mente. (Cuando no tiene ninguno, adopta el precio)

Hay que traducir datos técnicos del producto o servicio en Beneficios.

Falacia o razonamiento incorrecto.

CAPITULO 6
EL CLIENTE COMO EL ENTE PRIMORDIAL EN LAS VENTAS

CLIENTE

*ente: Lo que es, existe o puede existir.

El cliente en el siglo XX en 1970, fue tratado como víctima, posteriormente eso se corrigió y el cliente fue llevado a la categoría "Él es lo más importante".

Ahora con los sistemas de calidad se busca el deleite del cliente y su satisfacción total.

Así nos vemos en la necesidad de tratarlo de tal manera que nuestros productos o servicios sean valiosos para él.

Es importante que como vendedor logres la confianza total de tu cliente, para que éste te tenga lealtad.

"El cliente siempre tiene la razón"…. Bueno tú vendedor también eres cliente en ocasiones, y no te gusta que te contradigan o te hagan sentir equivocado, así desde este punto de vista el cliente SI tiene la razón. Y el deber de uno es encontrar un ACUERDO, que nos permita entenderlo y darle lo que necesita y desea.

CAPITULO 7
AXIOMAS

AXIOMAS

AXIOMA:

(Del lat. axiōma, y este del gr. □ξ□ωμα).

1. m. Proposición tan clara y evidente que se admite sin necesidad de demostración.

2. m. Mat. Cada uno de los principios fundamentales e indemostrables sobre los que se construye una teoría.

Parece un poco aventurado mover las ventas al terreno científico, pero si consideramos que las ventas es el acuerdo entre dos personas y se da en el rango de las relaciones interpersonales esto deja de ser aventurado.

Por lo que aquí estamos iniciando con la inclusión de los axiomas para ver que se cumplan todos los prolegómenos necesarios para ser ciencia además contamos con las leyes naturales y los axiomas de la venta también incluidos o sea que tenemos leyes naturales, axiomas de la venta, requisito fundamental de los prolegómenos de la ciencia, incluiremos también la metodología científica utilizada para que estén completos los prolegómenos.

Estos axiomas aunque pertenecen al campo de la epistemología*, no pretenden en ningún momento suplantar esta, de lo contrario, debe tomarse como un enriquecimiento epistemológico.

A continuación exponemos los axiomas del conocimiento, porque éste es el motor de la sociedad, y en sí el conocimiento es capital, por que las culturas con alto conocimiento se mueven en otro nivel y están mejor dotados para generar toda clase de condiciones que redundaran en su bienestar; estas culturas también tienen la capacidad del progreso y la habilidad para generar nuevos descubrimientos y condiciones Sine qua non** para su gente.

El vendedor debe ser capaz de sustentar el conocimiento, con la responsabilidad total para usarlo y aplicarlo.

---

*Epistemología: Doctrina de los fundamentos y métodos del conocimiento científico.
**SINE QUA NON: es una locución latina originalmente utilizada como término legal para decir «condición sin la cual no». Se refiere a una acción, condición o ingrediente necesario y esencial de carácter más bien obligatorio para que algo sea posible.

AXIOMAS DEL CONOCIMIENTO

COROLARIO: (del latín corollarium)1 es un término que se utiliza en las matemáticas y en la lógica, para designar la evidencia de un teorema o definición ya demostrada, sin necesidad de tener que invertir esfuerzo adicional en su demostración. En pocas palabras, es una consecuencia tan evidente, que no necesita demostración.

AXIOMA 1.- El conocimiento es certeza total y cabal.

Corolario.- Cuando la certeza se pierde o disminuye, el conocimiento se desvanece en la misma proporción.

AXIOMA 2.- El conocimiento se compone de datos alineados o no, evaluados o no.

Corolario.- Dato es una parte de conocimiento del cual deriva más conocimiento, siempre y cuando provenga de una ley natural.

Corolario.- La evaluación se hace en base del análisis* y la síntesis**.

AXIOMA 3.- En la medida en que se evalué un dato, en esa medida se fortalecerá la certeza.

AXIOMA 4.- La evaluación de un dato puede acarrear la alineación del mismo o el cambio a otro grupo de datos.

---

*ANALISIS: en sentido amplio, es la descomposición de un todo en partes para poder estudiar su estructura, sistemas operativos, funciones, etc.
**SINTESIS: es un método que procede de lo simple a lo compuesto, de los elementos al todo, de la causa a los efectos, del principio a las consecuencias.

AXIOMA 5.- El conocimiento en sí es la espina dorsal de las ciencias.

Corolario.- Una ciencia deberá tener como sustento los axiomas primarios que la componen, más los teoremas, así como la metodología utilizada, más el análisis de datos consecuentes, los prolegómenos necesarios para ser ciencia. De no ser así, no será ciencia.

AXIOMA 6.- El conocimiento es la condición primigenia de la ciencia.

AXIOMA 7.- Las teorías, la hipótesis*, son la estructura fundamental del conocimiento.

AXIOMA 8.- Las conclusiones y deducciones se obtienen por el análisis y síntesis de datos.

AXIOMA 9.- El teorema como la proposición que afirma una verdad demostrable está implícito en el conocimiento ya que éste afirma o rechaza cualquier dato ahí incluido.

AXIOMA 10.- El conocimiento es la verdad irrefutable que no requiere demostración.

Corolario. Por lo tanto, estos axiomas son parte del conocimiento, utilizando esos conceptos se establece

---

* HIPOTESIS: es una proposición aceptable que ha sido formulada a través de la recolección de información y datos, aunque no esté confirmada, sirve para responder de forma alternativa a un problema con base científica

una serie de proposiciones fundamentales, llamadas axiomas o postulados, que constituyen indirectamente definiciones de los conceptos fundamentales.

AXIOMA 11.- El conocimiento se deriva del pensamiento, el cuál es activado por Theta* y esta es la fuente del conocimiento total.

Corolario.-Theta* es el único estático real y verdadero en este universo.

AXIOMA 12.- El conocimiento tiene dos vertientes, la primera es el conocimiento total del todo. La segunda es la aplicación y uso que se le da.

AXIOMA 13.- La parte primigenia del conocimiento es la habilidad de Theta* de percibir y decidir.

AXIOMA 14.- Del conocimiento se derivan los axiomas, las teorías, los teoremas, las premisas y los postulados y todo este conjunto forma el cuerpo que puede dar certeza.

AXIOMA 15. El pensamiento como tal genera ideas y estas a su vez generan conclusiones.

---

*Theta: de la letra griega que significa espíritu.

AXIOMA 16.- La facultad de pensar es *univoca en el hombre, por lo tanto, están implícitas las ideas ahí contenidas, las cuales a su vez generaran datos.

AXIOMA 17.- Las ideas se generan en función de los datos, por lo tanto estos deben ser verdaderos.

AXIOMA 18.- La consistencia del conocimiento va en función de los datos que se estén utilizando.

Corolario.- Siempre se utilizarán datos verdaderos basados en leyes naturales.

AXIOMA 19.- El conocimiento es directamente proporcional a la supervivencia.

Corolario.- Aquí se determina que a más conocimiento mejor supervivencia.

AXIOMA 20.- El conocimiento es la síntesis de la vida.

© 2012 José María Mercado Velasco

---

* univoca: Que sólo tiene un significado, por lo que sólo puede entenderse de una manera. Se aplica a la palabra, expresión, etc., de un solo significado y a este significado.

AXIOMAS DE LA CIENCIA

AXIOMA 1.- La ciencia es el pilar fundamental de la sociedad, además ésta tiene el privilegio, de generar desarrollo, elevar el nivel de supervivencia y apoyar la tecnología y todo lo que de ella emane.

Corolario.- Sin la ciencia, no se podrá tener desarrolló, ni ningún nivel de supervivencia adecuado.

AXIOMA 2.- La ciencia, está basada en un sistema de pensamiento llamado análisis, que con la síntesis se complementa la fórmula del pensamiento.

AXIOMA 3.- El pensamiento científico se inicia con la observación, pero esta debe ser lo que verdaderamente está ocurriendo, para someterlo al análisis.

Corolario.- Las herramientas de la ciencia son el complemento del pensamiento científico.

AXIOMA 4.- Las herramientas que la ciencia necesita son: los datos sometidos al análisis, axiomas que sustenten el pensamiento, con los cuales se podrán desarrollar hipótesis y teorías.

AXIOMA 5.- El pensamiento científico está compuesto de uno o más datos evaluados o no; La observación ayuda a encontrar las leyes que determinan ese acontecimiento científico, o las constantes que se encuentren en él.

Corolario.- El pensamiento científico es el punto de partida para cualquier investigación, análisis o síntesis.

AXIOMA 6.- El pensamiento científico está compuesto de observación y unidades de atención.

Corolario.- Por unidad de atención se indica la cantidad de interés que se manifiesta en un evento o acción.

AXIOMA 7.- El pensamiento científico, debe tener la destreza para idear situaciones adversas al evento, y de cómo fallaría la hipótesis o las conclusiones.

Corolario.- No se debe determinar un evento o conclusión como efectivo, hasta que no pase todas las pruebas en contra.

AXIOMA 8.- El pensamiento científico, es el más alto nivel de la condición creativa del ser humano.

Corolario.- El pensamiento científico no puede estar supeditado a ninguna corriente ideológica, sólo a la ciencia por la ciencia misma, esto sería la ciencia pura.

AXIOMA 9.- Cualquier ser humano, puede elevarse a nivel de pensamiento científico sin distinción de razas o credos.

AXIOMA 10.- Una persona al estar usando el pensamiento científico, puede ser llevada a la *abstracción.

---

* Abstracción: Separar por medio de una operación intelectual las cualidades de un objeto para considerarlas aisladamente o para considerar el mismo objeto en su pura esencia o noción.

Corolario.- La abstracción por sí sola no dará resultados, sólo el pensamiento científico con análisis y síntesis.

AXIOMA 11.- La idea, es la máxima expresión del pensamiento y no necesita de éste para manifestarse, la idea por sí sola, es el suma cum laude*, de la expresión humana.

Corolario.- Sólo se considera idea, aquello que no ha existido jamás, o la que sirve para una solución.

AXIOMA 12.- La expresión Eureka, aún es válida, sin embargo, la expresión moderna puede ser "lo tengo", "lo hice", "lo encontré", "Este es el camino a la solución".

Corolario.- Estas expresiones como tales, indican que la incógnita está resuelta.

AXIOMA 13.- Idea, Una idea (del griego □δέα, de *eidon*, 'yo ví') es una imagen que existe o se halla en la mente. La capacidad humana de contemplar ideas está asociada a la capacidad de raciocinio, reflexión, creatividad y la habilidad de adquirir y aplicar el intelecto.

Las ideas dan lugar a los conceptos, los cuales son la base de cualquier tipo de conocimiento, tanto científico como filosófico. Sin embargo, en un sentido popular, una idea puede suscitarse incluso en ausencia de reflexión,

---

* *summa cum laude*: 'con máximas alabanzas' (excepcional), es el reconocimiento por un desempeño poco común, sólo esperado en mentes brillantes.

por ejemplo, al hablar de la idea de una persona o de un lugar.

Corolario.- La idea es la piedra angular de la ciencia.

AXIOMA 14.- La filosofía* apoya a la ciencia; por ejemplo Demócrito, un filósofo de la antigua Grecia descubre con la filosofía el "átomo".

Corolario.- Estos apoyos filosóficos a la ciencia se dan en tal forma que a veces se confunde la diferencia entre ciencia y filosofía.

AXIOMA 15.- La ciencia pura, aunque es el súmmum** de muchos, para otros no es práctica. Sin embargo, la ciencia pura como tal le ha dado al hombre la posición actual que tiene en el conocimiento.

Corolario.- Es de tal importancia el avance científico que modifica y modificará en el futuro las situaciones adversas que el hombre padece.

AXIOMA 16.- La epistemología***, como estudio del conocimiento tiene la dirección de la ciencia pura.

AXIOMA 17.- La ciencia como tal requiere de herramientas específicas, estas son: leyes, axiomas, teoremas,

---

*FILOSOFIA: es justamente amor por la sabiduría. Comprender con todo aquello, que interactuamos. Justamente, filosofía proviene del griego filos (amor) y sofía (sabiduría).
** súmmum, significa el grado más alto de algo.
*** Epistemología: Doctrina de los fundamentos y métodos del conocimiento científico.

análisis de datos, análisis, síntesis, lógica matemática, los protocolos, lógica científica, y la metodología que anteriormente se tomo como parte de la lógica. Para los fines adecuados usamos la lógica cartesiana*. También se usa la serie de datos, "Data Series", que utiliza las ilógicas del Filósofo L. Ronald Hubbard, siendo estas muy efectivas.

Corolario.- La estadística sirve para ayudar en la resolución de la toma de decisiones o para explicar condiciones regulares o irregulares de algún fenómeno o estudio aplicado.

AXIOMA 18.- La ciencia, no sólo cuantifica la materia, energía, espacio y tiempo, (por sus siglas en inglés MEST estas son las siglas en ingles de Mater, Energy, Space and Time, Materia, Energía Espacio y Tiempo.), sino que también maneja el estado anímico, las condiciones y situaciones interpersonales, también se introducen en otros campos como la sociología o las ventas.

AXIOMA 19.- La finalidad de la ciencia es el conocimiento puro, analítico y conceptual de las cosas o situaciones.

Corolario.- Una de las situaciones más determinantes son las interrelaciones personales que se dan a través de la sociedad, las cuales deben ser analíticamente estudiadas.

---

* CARTESIANO: Se aplica a la persona, escrito o pensamiento que es extremadamente metódico, lógico o racional.

AXIOMA 20.- En la ciencia nada se da por concluido, se pueden determinar nuevas situaciones y conclusiones.

Corolario.- Algo que ya quedo establecido, puede ser modificado según los nuevos procedimientos científicos que vayan apareciendo.

AXIOMA 21.- Son las ideas y la creatividad, la que coloca al ser humano en la posición de dominio del universo.

Corolario.- la creatividad como máxima expresión del auto-determinismo del ser humano, posee la cualidad univoca, de plasmar la máxima expresión de un ser como tal.

La sociología puede definirse como el estudio científico de la vida grupal de los seres humanos y las ventas pueden definirse como el grado de acuerdo entre personas para generar finanzas.

Todas las fases de la ciencia deben estar plasmadas aquí y estas son: 1. debe tener leyes, 2. axiomas, 3. teoremas, 4. metodología científica, 5. conclusiones y 6 deducciones.

AXIOMAS DE LA VENTA

Axioma 1. La venta es un acuerdo entre dos personas.

Axioma 2. El *ARC es la base fundamental de las relaciones interpersonales.

Axioma 3. La afinidad, llevada a su máxima expresión, genera la admiración.

Axioma 4. La admiración** sostenida conduce al Rapport y esto lleva a la confianza mutua.

Corolario. Es importante crear la admiración para llegar al Rapport.

Axioma 5. El ***Rapport es un sentimiento que unifica los pensamientos de un grupo, hasta el punto en que todos están de común acuerdo.

Corolario. Cuando el cliente empieza a contribuir con el vendedor en la venta, el vendedor ha logrado Rapport con el cliente. Este es el indicador del Rapport.

---

* ARC: Afinidad, Realidad y Comunicación. (Ver Capítulo 9 Las Leyes Naturales de la Venta)
** ADMIRACION: Es un sentimiento de máxima excelsitud dirigido a una persona.
*EXCELSITUD: Alta categoría o dignidad de alguien.
***RAPPORTT: El Rapport es una condición excelsa o afinidad emocional provocada por la admiración en la que el cliente entra en gran confianza con el vendedor y sus productos, y empieza a cooperar con él. Armonía, afinidad simpatía, concordia, concordancia.

Corolario. El Rapport constante lleva a mantener clientes fieles.

Axioma 6. El precio en sí no vende, lo que vende son los beneficios que éste representa, ya que el fundamento es "Los *beneficios es lo que vende".

Corolario. Cuando el precio es un beneficio, se deberá presentar como tal.

Corolario. Se deben traducir los datos técnicos a beneficios, ya que el beneficio es lo que vende.

Axioma 7. La venta, requiere de la tecnología del ciclo de acción.

Corolario. El ciclo de acción, consta de iniciar, continuar y terminar algo.

Axioma 8. Las partes de la venta son: presentación, manejo de objeciones y el cierre.

Corolario. Todas las objeciones son dudas que el cliente tiene.

Axioma 9. La escala **DEI "Interés a no-saber", debe utilizarse con cautela.

---

* Beneficio: provecho o mejora que se obtiene como consecuencia de algo.
** Escala DEI de Interés a no-saber: Ver Capítulo 12, "La Trampa del Vendedor".

Corolario: La escala *DEI "Interés a no-saber", debe ser utilizada sólo por el cliente.

Corolario: Cuando el vendedor, *desea* hacer la venta en ese momento activa la escala DEI de Interés a no-saber en si mismo, en forma inversa al cliente.

Por lo que el vendedor termina en la primera posición de la escala que es "no saber". Y como efectivamente no sabe que hacer, abandona la venta, sin saber que paso.

Axioma 10. Una presentación bien hecha, conduce a cerrar el ciclo de acción de la venta.

Corolario. Los pasos de la venta deben ser ejecutados, con precisión y en forma adecuada.

Axioma 11. En la venta como en cualquier trato de negocios, siempre cumple lo que prometes.

Corolario. El no cumplir lo que se promete, da al traste con la confianza del cliente, y esta se pierde.

Corolario. La confianza del cliente una vez que se ha perdido, es muy difícil recuperarla.

Axioma 12. El vendedor es el representante y la imagen de la empresa.

Axioma 13. La calidad de alcance siempre debe estar presente en el vendedor.

Corolario. Con esta calidad de alcance queremos decir "La Finura, Pulcritud, Capacidad Y Habilidad Para Llegar A Las Personas De Manera Confortable".

Axioma 14.- La venta efectuada en la emoción de juegos 22.0 proporciona una gran satisfacción al vendedor y el cliente queda satisfecho.

Corolario. Por lo tanto el vendedor siempre debe posicionarse en esta emoción.

Corolario. Para mantenerse en la emoción de juegos sólo hay que hacer una estrategia y seguirla al pie de la letra.

Axioma 15. Es necesario que el vendedor conozca a fondo la escala tonal emocional de L. Ronald Hubbard para usarla y aplicarla en su totalidad.

Corolario. Esta escala nos indica en qué emoción compra el cliente y como cambia en cada emoción que él expresa.

Corolario. El desconocimiento de esta escala hace erráticas las ventas y genera incertidumbre en las relaciones interpersonales.

Axioma 16. El vendedor al estar frente al cliente debe poner su atención en la posición del cliente en la escala tonal y cualquier movimiento que tenga en ella deberá detectarlo para poder usar lo conducente.

Ver Capitulo 11, "Las Emociones Y La Escala Tonal Emocional"

Axioma 17. La comunicación no se da en cualquier parte de la escala, aquí hay una regla, esta dice que debe colocarse de 0.5 a 1.0 punto máximo arriba del tono emocional detectado para poder lograr la comunicación.

Axioma 18. La comunicación que es parte del ARC es la herramienta fundamental del vendedor.

Corolario. Cualquier problema puede ser solucionado con comunicación.

Axioma 19. El ARC es el fundamento básico de las ventas, y su excelsitud se manifiesta a través de la escala tonal emocional.

Corolario.- La escala tonal, prácticamente es una escala de afinidad.

Axioma 20. Las ventas están coordinadas por el ARC.

Corolario. El ARC es la síntesis que coordina a una sociedad y las relaciones interpersonales.

Axioma 21. El ARC, la admiración, así como el Rapport, son los tres pilares de la venta dinámica, no se puede prescindir de ninguno de ellos sin que demerite el resultado.

Corolario. En esos tres pilares descansa la parte científica de la venta.

Corolario. Ninguno de estos tres pilares puede funcionar por sí solo sino que se necesitan los tres.

Axioma 22. El vendedor clase mundial posee la cualidad de detectar la dinámica del cambio, y cómo esta ocurriendo, de esta manera está en la posición de detectar cualquier cambio por insignificante que sea.

Axioma 23. Si consideramos a la venta, en la emoción de juegos 22.0 seremos vendedores clase mundial.

Corolario. Y así seremos considerados como vendedores clase mundial, cuando podemos hacer ventas de 10 prospectos, 10 ventas.

Con estos axiomas, más las leyes naturales que veremos más adelante, la estructura científica de las ventas queda resuelta.

© 2012 José María Mercado Velasco

CAPITULO 8
LA ATENCIÓN

ATENCION

By- L. Ron. Hubbard

Cuando el Interés esta FIJO, entonces tenemos atención.

Atención es un movimiento que debe quedar en un esfuerzo óptimo.

Definimos

Atención: es la cantidad de interés fijo en algo o alguien, de ahí deducimos que una atención ligera puede tener más o menos 250 unidades de atención, una atención media puede tener 500 unidades de atención y una atención total debe tener 1000 unidades de atención en algo o alguien. Esta unidad de atención es arbitraria y solo se usa para fines de conocer más o menos la atención que se esta poniendo en algo o alguien.

¿CÓMO LOGRAR LA ATENCION DEL CLIENTE?

El vendedor requiere de obtener la atención de su cliente siempre que esta tratando con él. Lo sabemos y es sumamente importante.

Antes de empezar cualquier ciclo de acción en la venta, necesitas la atención de tu cliente. El cliente no siempre tiene la atención en ti, puede estar preocupado por algo, o tiene en mente alguna emergencia, o cualquier cosa, si comienzas a hablar y empiezas tu ciclo de acción de la venta, puede que el cliente no te ponga atención en lo absoluto o aún peor te diga que por el momento no esta interesado.

Cuando en realidad él tenía otra cosa en mente y tu presencia lo distrae o puede hasta perturba su actividad, y sentirse molesto por esto.

Por lo tanto, para tener su atención lo primero que necesitas es observar que esta haciendo, o en que está su atención, puedes hacer una simple pregunta, como ¿Cómo están las cosas?, y en lo primero que te conteste ahí estará su atención, puedes hacer algún comentario, breve y relajante, si esto funciona el podrá poner la atención en ti, si no funciona quiere decir que tiene muchas unidades de atención en ese tema, entonces deberás darle la comunicación necesaria para que pueda desahogar su tema y pueda tenerte atención.

Por lo tanto asegúrate de tener su atención. Y deberás lograr esta, en el mismo momento de la entrevista.

Sabemos lo difícil que es contactar a un cliente y cuando finalmente se le contacta, no se puede desperdiciar el tiempo o irse para tener otra entrevista, la entrevista debe ser aprovechada el mismo día, cuando al fin lo haz contactado.

Puede que te inquiete hacerle comunicación, si este es el caso, necesitas un curso de Comunicación de Scientology.

CAPITULO 9
LEYES NATURALES EN LAS VENTAS

LEYES NATURALES EN LAS VENTAS

LA AFINIDAD, LA REALIDAD Y LA COMUNICACIÓN
Por L. Ronald Hubbard

"En Scientology se descubrieron tres factores que son de suma importancia para dirigir la vida. Estos tres factores dan respuesta a las preguntas: ¿Cómo debo hablarle a la gente? ¿Cómo puedo darle nuevas ideas a la gente? ¿Cómo puedo saber qué es lo que la gente piensa? ¿Cómo puedo ocuparme mejor de mi trabajo?

A estos factores le llamamos el triangulo ARC. La abreviatura ARC (pronunciada A-R-C en vez de arc) es uno de los términos más útiles que se haya ideado.

Se denomina triángulo ARC porque tiene tres puntos relacionados. El primero es la afinidad. El segundo la realidad y el tercero y más importante, la comunicación.

Estos tres factores están relacionados. Por afinidad queremos decir la respuesta emocional, el sentimiento de afecto o ausencia de él, la emoción o la emoción equivocada (emoción irracional o inapropiada) relacionada con la vida. Por realidad queremos decir los objetos sólidos, las cosas reales de la vida. Por comunicación queremos decir el intercambio de ideas entre dos terminales (personas que pueden recibir, transmitir o enviar comunicación). Sin afinidad no hay realidad ni comunicación. Sin realidad no hay afinidad ni comunicación. Sin comunicación no hay afinidad ni realidad.

La aplicación del triángulo ARC en las circunstancias que se encuentran en la vida diaria requiere de la comprensión de cada uno de los componentes del triángulo y de su interrelación." L. Ronald Hubbard

Se agradece profundamente a la L. Ronald Hubbard Library por el permiso para reproducir una selección de las obras registradas de L. Ronald Hubbard

EL VENDEDOR EFECTIVO

Primera Ley Natural de las Ventas

La Ley L. Ron Hubbard

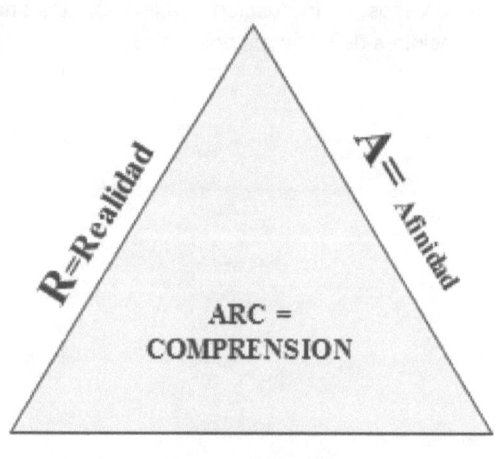

LEYES DE LAS VENTAS

1. Primera ley de la venta es el ARC.
2. Segunda ley es el acuerdo.
3. Tercera ley es la admiración
4. Cuarta ley es el Rapport.
5. Quinta ley de la venta es a todo flujo de entrada le corresponde uno de salida.

Primera ley de la venta, es el ARC, del Sr. L. Ronald Hubbard, en el cual cuando un elemento se eleva, los otros dos suben, o cuando un elemento baja, los otros dos disminuyen.

Como ejemplo simplemente recuerda a alguien que te desagrada, realmente no quieres hablar con esta persona, y llegar a un acuerdo, imposible o casi imposible. Y que hay de una persona que te agrada, quieres platicar y hacer acuerdos, y estar con ella.

Este triangulo es prácticamente matemático, tanto como tienes afinidad, tendrás realidad y comunicación, y tanto como tengas comunicación podrás lograr afinidad y realidad.

La comunicación es la llave para abrir y mejorar este triangulo, usa esta información siempre, de hecho tu haz usado este triangulo desde que naciste... Ahora trabaja con él conociendo su funcionamiento.

Segunda ley es el acuerdo, el cual proviene de la realidad en el ARC, ya que el acuerdo realiza la venta.

Verás que en repetidas ocasiones te comentamos que para hacer tu venta necesitas un acuerdo, y con un acuerdo la venta se lleva a cabo, sin él, simplemente no hay venta.

Ahora que te mencionamos el triángulo ARC, verás que para tener un acuerdo necesitas sentir afinidad por tu cliente, sin esté, no puede haber comunicación, sin comunicación ni afinidad no hay acuerdo y la venta no se hace.

Sentir afinidad por tu cliente es la tarea número uno, comunicarte con él, encontrando cuál es su realidad, y logrando la comprensión haces tú acuerdo y cierras tu venta.

Así de simple, no lo hagas complicado, no es complicado, simplemente trabaja suavemente como si fuera una plática entre amigos.

No hay pases de magia, hay ARC, y esto es realmente mágico. ¡Pruébalo!

Tercera ley es la admiración, definición: Una partícula que une y resuelve, como un solvente universal, todo tipo de energía, particularmente fuerza.

Para entender esto, te voy a pedir que hagas un pequeño ejercicio ahora mismo, cierra tus ojos y piensa en una persona que te agrada... cuando ya la tengas, simplemente admírala... cuando hagas esto pon tu atención en ese sentimiento, ¿Cómo es?, ¿Cómo se siente?, ¿Puedes sentir ese flujo de admiración? ¿Puedes sentir las partículas, como se dirigen hacia la persona admirada?

Bien si lograste el ejercicio anterior podrás comprender más la admiración, sus fundamentos son el ARC, primero sientes afinidad por alguien, tienes una línea de comunicación y cuando ésta se incrementa la admiración aparece.

Esta es la herramienta número uno del Vendedor, debes comprenderla y usarla todo el tiempo.

Cuarta ley, es el Rapport. Es una relación, siendo ésta la esencia de un sentimiento de confianza mutua.

Básicamente es una relación, con ARC y Admiración, esto hace que la persona que está tratando contigo, un negocio, un tema, o cualquier asunto, sienta por ti vendedor confianza, entonces siente rapport por ti, el rapport se identifica cuando ves que el mismo cliente ya está cooperando contigo en la venta.

En ese punto tú has logrado un gran avance y es el momento de trabajar con tu cliente, de manera honesta y cabal, para conservar ese rapport.

Quinta ley de la venta, es a todo flujo de entrada le corresponde uno de salida.

En las ventas esa ley se aplica a la comunicación, cuando hablamos, es un flujo de salida, cuando escuchamos es un flujo de entrada, estos flujos deben quedar perfectamente balanceados ya que hay vendedores que se la pasan hablando continuamente, creyendo que están comunicando, pero no es así, lo que están haciendo es saturar a su interlocutor y aburriéndolo a más no poder.

La mejor manera de comunicarse es respetando esta ley de a todo flujo de entrada se requiere uno de salida, y se deberá hacer un equilibrio entre lo que se habla y se permite decir a nuestro interlocutor. Simplemente se le puede pedir que nos dé su punto de vista, sobre lo que le estamos proponiendo.

Y mantener en equilibrio esta ley natural.

ADMIRACION

Definición de Admiración: Una partícula que une y resuelve, como un solvente universal, todo tipo de energía, particularmente fuerza.

La admiración es otra ley de las ventas y el uso continuo de ella lleva al vendedor al raportt. Pero ¿Qué es el Rapport? El Rapport es una condición exelsa provocada por la admiración en la que el cliente entra en gran confianza con el vendedor y sus productos, y empieza a cooperar con él, si se continúa en esta condición se llegara al punto de confianza mutua, con la confianza de que hace lo correcto, y de que obtiene el producto correcto.

COMO LOGRAR ADMIRACION

Admiración: Una partícula que une y resuelve, como un solvente* universal, todo tipo de energía, particularmente fuerza.

Hablemos de gradiente, gradiente es un acercamiento gradual a algo, yendo paso a paso, nivel por nivel, siendo cada paso o nivel en sí fácilmente alcanzable, de esta manera se pueden realizar finalmente y con relativa facilidad, actividades bastante complicadas y difíciles o estados elevados de ser.

Ahora bien, para llegar a la admiración, tienes varios pasos anteriores, primero la atención, como dijimos anteriormente, tienes que tener la atención de la persona con la que vas a tratar tus asuntos, luego está la afinidad, sentir verdadera afinidad por alguien y poderla manifestar, y con esto se introduce el triangulo ARC, una vez que haz logrado esto, entonces incrementas la afinidad al máximo de tu capacidad, en ese punto esta la admiración.

Esta no puede ser fingida, deberá ser auténtica, de lo contrario no se manifestará como admiración, sino como una afinidad pobre.

---

* solvente: 1. Lo que suelta o resuelve. 2. Se aplica a la sustancia que puede disolver o producir una mezcla homogénea con otra.

RAPPORT

Definición de Rapport: (Del diccionario de Inglés a Inglés The American Heritage) Relación: Especialmente, Un sentimiento de confianza mutua o sentimiento de alta afinidad.

Cuarta ley el rapport: como el rapport surge de la admiración consistente en alguien, esto trae como consecuencia una gran responsabilidad ya que si no usas la admiración en la cantidad adecuada no se producirá el rapport y te sentirás frustrado y con necesidad de ayuda, para evitar eso concéntrate en la admiración, ejercítala en forma tal que puedas admirar hasta las cosas baladís que vayas encontrando.

LEYES NATURALES DE LAS VENTAS

A todo flujo de entrada le corresponde uno de salida:

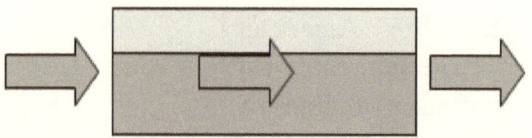

Quinta ley a todo flujo de entrada corresponde uno de salida, con esta ley debes tener mucho cuidado en la comunicación, tu interlocutor cuando muestra la más pequeña distracción ya no tiene su atención en ti, tu comunicación ya no le llega y esto te causara los problemas que provoca una mala comunicación, para evitar esto aprende a observar lo *obvio y entonces estarás en la posibilidad de observar a tu interlocutor y

---

* OBVIO: Que se encuentra o pone delante de los ojos. Muy claro o que no tiene dificultad.

los más pequeños cambios que éste pueda tener hasta por ejemplo bostezos largos que ya seria la máxima pérdida de atención, todo provocado por una falta de observación tuya, has ejercicios observando lo obvio, por ejemplo: ponte delante de un persona y obsérvala, recuerda que estas observando lo obvio ¿y que es lo obvio ahí? La persona misma no más, no menos.

Por lo tanto para balancear este punto es necesario que haga pausas de vez en cuando y le pregunte a su cliente, "como lo siente...", "que opina con respecto a...." etc., y mantengas su atención en el tema que le presenta.

EL VENDEDOR EFECTIVO

El vendedor efectivo es el que utiliza las leyes de la venta en el momento oportuno y hace que funcionen para obtener resultados en la venta; por ejemplo: al usar la comunicación, el vendedor que habla sin ton ni son, sin dejar que el cliente hable o haga aclaraciones en el transcurso de la conversación, esa venta fracasara por que no se esta usando la ley que dice a todo flujo de entrada le corresponde un flujo de salida; recordemos que nosotros al hablar generamos un flujo de salida y al escuchar tendremos un flujo de entrada, de ahí la importancia de esta ley y si el vendedor esta carente en comunicación mas le vale que vaya primero hacer un curso de comunicación

Recuerde señor vendedor que al hacer una venta, lo primero que debe hacer es un acuerdo con el cliente y ese acuerdo se basa en la ley ARC que acabamos de ver; siendo el acuerdo la R en el triangulo, la R es: la calidad del acuerdo efectuado entre dos personas así que al obtener un acuerdo empezara a funcionar la ley del triangulo ARC y se elevara la afinidad y la comunicación.

Se agradece profundamente a la L. Ronald Hubbard Library por el permiso para reproducir una selección de las obras registradas de L. Ronald Hubbard

Manteniéndote así en la afinidad trataras de incrementar ésta hasta el punto de que empieces a sentir admiración por el cliente y en este punto empezarás con la ley de la admiración que provocará un Rapport en el cliente y en consecuencia la <u>confianza mutua.</u>

CAPITULO 10
LA COMUNICACIÓN

LA COMUNICACIÓN
¿CÓMO AFECTA LA VENTA?

La comunicación afecta a la venta de una forma que a veces es impredecible, ya que los vendedores carecen de entrenamiento formal en la comunicación, a pesar de que ésta es la herramienta principal o primordial del vendedor, si no haces el curso llamado "EL ÉXITO A TRAVES DE LA COMUNICACIÓN" en una organización de Scientology no podrás ser un vendedor clase mundial, así que vamos a introducirnos como afecta la comunicación a las ventas.

La primera ley que aplica aquí es la siguiente:

A todo flujo de entrada corresponde un flujo de salida.

Esta es una ley de hidráulica que fue descubierta por Boyle y Mariotte, entre otras leyes, ambos físicos de la misma época, uno ingles y el otro francés, por lo que se conoce como la ley de Boyle y Mariotte que descubrieron la misma ley al mismo tiempo sin conocerse entre ellos.

Esta ley reza así: "A todo flujo de entrada corresponde un flujo de salida"; Aplicada a las ventas (recuerda que todas las leyes son universales) Comprenderíamos que la violación de esta ley producirá una venta perdida, algo inadmisible para un vendedor clase mundial.

COMO MEJORAR LA COMUNICACIÓN

Estos son algunos consejos previos al curso de comunicación que ya mencionamos anteriormente, sin embargo debes de usar tu finura, y todo lo relativo a la calidad de alcance para mejorar correctamente la comunicación. Cosas que no se deben de hacer en la comunicación:

1.- Nunca debes de acaparar la comunicación.

2.- Contesta las preguntas en forma precisa.

3.- Observa a tu interlocutor para ver si cuando estas hablando hay signos de asentimiento o no, cualquier "pero" que ocurra en tu interlocutor es indicación de que algo es incorrecto, mínimo tiene una objeción, pregúntale que duda tiene y aclárasela a satisfacción

4.- Cuando te toque hablar tienes que usar los pasos de la calidad de alcance, estos definen con precisión como debe de ser la comunicación.

5.- Tu vocabulario debe ser formal nunca utilices palabras anti sonantes por que demuestra tu mala educación.

6.- Nunca exageres en los temas, se mesurado y muy formal al hablar.

¿CÓMO LE HABLAS A UNA PERSONA?

Entonces, ¿Cómo le hablas a una persona?
Estableces realidad encontrando algo con lo que
Ambos estén de acuerdo.
Luego intentas mantener tu nivel de afinidad
Tanto como sea posible sabiendo que hay algo en él
Que te puede agradar.
Entonces puedes hablar con él.
Si no tienes las dos primeras condiciones,
Con toda seguridad la tercera condición no estará presente,
Es decir, no podrás hablar con él fácilmente?

Ejercicio de VENTAS
1. Ejercita encontrar algo con el que ambos estén de acuerdo
2. Ejercita intentando mantener un nivel de afinidad tan alto
Como sea posible, sabiendo que hay algo en él o ella que te
Puede agradar.
3. Ejercita cómo le hablas a un hombre hasta sentir que dominas la comunicación.

CAPITULO 11
LAS EMOCIONES Y
LA ESCALA TONAL
EMOCIONAL

¿CÓMO INFLUYEN LAS EMOCIONES EN LA VENTA?

¿Cuántas veces has oído a alguien decir: "No le comprendo"? A veces los actos irracionales, imprevistos, parecen ser la norma entre nuestros semejantes.

El hecho es que nunca ha habido un método funcional para predecir de manera invariable el comportamiento humano, hasta ahora.

L. Ronald Hubbard desarrolló el método, y se puede aplicar a todos los seres humanos sin excepción.

Esta es la Escala Tonal, una herramienta vital para cualquier aspecto de la vida que tenga que ver con nuestros semejantes, es una escala que muestra los tonos emocionales sucesivos que una persona puede experimentar.

Las emociones es un estado momentáneo o continúo de una persona, tiene gran influencia en las ventas ya que al estar trabajando con un cliente, éste se moverá en las diferentes emociones y el vendedor debe estar listo, observando los cambios que el cliente muestra, o sea la emoción que esta manifestando, de lo contrario se perderá y no sabrá que hacer.

"El uso diestro de esta escala permite que se pueda predecir y comprender el comportamiento humano en todas sus manifestaciones.

Esta escala tonal representa gráficamente la espiral descendente de la vida desde la vitalidad y consciencia completas, pasando por media-vitalidad y media consciencia, hasta la muerte.

Basándose en diferentes cálculos acerca de la energía de la vida, y por medio de observación y de prueba, esta escala tonal da los niveles del comportamiento.

La escala tonal mide la capacidad de un ser humano para arreglárselas con los problemas que le lleguen. Como tal, indica también como se siente y cual es su estado de ánimo".

L. Ronald Hubbard

Se agradece profundamente a la L. Ronald Hubbard Library por el permiso para reproducir una selección de las obras registradas de L. Ronald Hubbard

Se sugiere el estudio completo de la escala tonal emocional para evitar dichas fallas y practicarla constantemente para ser capaz de determinar cualquier tono emocional.

A continuación estudiaremos la escala tonal emocional desarrollada y codificada por el filosofo norteamericano L. Ronald Hubbard.

Las Emociones

By- L. Ron. Hubbard

- Son la reacción al medio ambiente.

- Tienen volumen y dirección.

- Si hay vida hay emoción.

- Hay emociones analíticas y reactivas.

- Se puede tener dos emociones contrarias al mismo tiempo.

- Las emociones reactivas controlan al individuo.

- En las analíticas se razona.

- A veces el individuo se mantiene fijo en algunas emociones.

ESCALA TONAL EMOCIONAL

40.0	Serenidad del Ser
30.0	Postulado
22.0	Juegos
20.0	Acción
8.0	Exhilaración
6.0	Estética
4.0	Entusiasmo
3.5	Alegría
3.3	Fuerte Interés
3.0	Conservatismo
2.9	Interés Ligero
2.5	Aburrimiento
2.0	Antagonismo
1.5	Enojo
1.2	No Compasión
1.1	Hostilidad Encubierta
1.0	Miedo
0.9	Compasión
0.8	Propiciación
0.5	Aflicción
0.05	Apatía
0.0	Muerte

Se agradece profundamente a la L. Ronald Hubbard Library por el permiso para reproducir una selección de las obras registradas de L. Ronald Hubbard

Para poder entender esta escala daremos la definición de cada emoción basándonos en el número que le corresponde en la escala.

Comenzaremos de abajo hacia arriba para quedar en una emoción positiva al terminar.

Definiciones:

0.0 Muerte, si hay vida hay emoción si no hay vida no habrá emoción.

0.05 Apatía, se define como: el sentimiento de que ya nada tiene remedio o solución.

0.5 Aflicción o pesar, definición: sentimiento de pérdida, ésta tiene volumen es decir, una pérdida pequeña, como por ejemplo perder la cartera con poco dinero nos llevará a esta emoción con poco volumen, y el volumen más grande será la muerte o la pérdida de un ser querido.

0.8 Propiciación, definición: dar por miedo o para protegerse de algo. Esta emoción es la fuente de la corrupción. Cuando los políticos hablan de eliminar la corrupción, realmente no saben de lo que están hablando, ya que necesitarían saber de la escala tonal, para poder hacer algo al respecto.

0.9 Compasión, definición: sentimiento de lástima.

1.0 Miedo, definición: sentimiento de peligro o amenaza del mismo.

1.1 Hostilidad encubierta, la persona esta fuertemente enojada con alguien y no lo manifiesta, lo oculta, definición: hipócrita, chismoso, traidor, falso, dos caras, mil mascaras.

Nota: esta es la emoción más peligrosa de la escala tonal emocional ya que la persona que esta crónicamente en esa emoción es una persona antisocial y no responde a los tratamientos de psicoterapia, aquí se encuentran los asesinos furtivos y los que usan artimañas para perpetrar sus crímenes*.

1.2 Sin compasión, definición: crueldad, disfruta enfermizamente el dolor ajeno.

1.5 Enojo, definición: manifiesta ampliamente su enojo y tiene un sentimiento de destrucción, en los niveles más altos de enojo, como la ira, puede matar sin darse cuenta que lo esta haciendo.

1.8 Dolor, definición: disconformidad, molesto.

2.0 Antagonismo, definición: siempre trata de ponerte en equivocado o te hace sentir equivocado, por lo general te lleva la contra.

Nota: todas estas son emociones reactivas, en las que la persona reacciona a la emoción y no puede controlarla, ya que ésta controla a la persona. Por

---

*crimen: 1. Acción de gran maldad o irresponsabilidad que tiene consecuencias graves.

ejemplo, haz estado alguna vez enojado... y alguien te dice ¡cálmate!, y lo que sucede es que te enojas más... bueno es porque la emoción te está controlando.

Emociones analíticas:

2.5 Aburrimiento, definición: unidades de atención dispersas.

Unidad de atención es la cantidad de interés en algo o alguien, para los fines de medición utilizamos como la máxima atención el número 1000 que es un número arbitrario. (UA= Unidades De Atención).

2.8 Interés ligero, definición: más o menos 250 UA unidades de atención, en algo o alguien.

3.0 Conservatismo o conservadurismo, para los puristas del lenguaje usamos el segundo nombre, definición: la persona no acepta cambios siempre y cuando lo que esta haciendo le funcione, si no le funciona, si aceptaría el cambio, por que ya es ésta una emoción analítica.

3.3 Interés fuerte, definición: mil unidades de atención en algo o alguien; atención señor vendedor solo en esta emoción compra la gente.

4.0 Entusiasmo, definición: la persona ve fácilmente el punto de vista de los demás y no trata de cambiarlo.

6.0 Estética, definición: Disfruta Lo Bello, disfruta lo que hace. Aquí se encuentra la emoción que disfruta el arte, la música y todo lo que esta en armonía. Esta emoción indica al vendedor que esta disfrutando su trabajo, si lo estas disfrutando te felicito porque ya estas definitivamente en esta emoción.

8.0 Exhilaración, alegría interna desbordante, es tan desbordante esta alegría, que la persona que tiene esta emoción, puede parar a personas desconocidas para contarle el motivo de su alegría.

20.0 Acción, definición: movimiento rápido de partículas en control total, es decir una persona puede mover asuntos y cosas de manera rápida y eficientemente. Cuando la persona esta en ésta emoción, pierde la noción del tiempo.

22.0 Juegos, definición: Esta emoción se compone de barreras, libertades y un propósito. Un ejemplo de esto es cuando quieres lograr algo específico, imagínate que quieres ir a Cancún, bueno las barreras serían, el dinero, el tiempo, la ropa apropiada, etc. Y las libertades serían, todo lo que puedes hacer para vencer las barreras y obtener lo que necesitas, e irte a Cancún. Ahora imagínate que quieres ir a Europa, bueno ahora necesitarías más tiempo, más dinero, y ropa adecuada para cada lugar que desees visitar, etc. Bien en este momento las barreras son un poco más grandes... Así, cuando quieres lograr algo pequeño tendrás barreras pequeñas, pero si quieres lograr algo grande, bueno pues que no te espanten las barreras, y mantente en la condición de Juego, que es un sentimiento de que las barreras no importan, sino lograr el propósito.

Nota: para alcanzar esa emoción solo requiere hacer estrategias.*

30.0 Postulado, definición: decidir que algo es así y hacer que así sea.

40.0 Serenidad, definición: causa total en su medio ambiente.

Se requiere un estudio exhaustivo de esta escala tonal con sus posiciones y definiciones precisas ya que veremos como influye en la venta.

Como ya dijimos al pasar por las definiciones de la escala tonal; fuerte interés es, mil unidades de atención en algo o alguien, y esta condición, aunque sea por una fracción de segundo es la que hace decidir al cliente si quiere el producto o servicio y solo ahí compra, en ninguna otra emoción lo hace y es cuando toma la decisión de hacer el acuerdo de la compra.

La aplicación y uso de esta escala en las ventas es vital, y hay que ir detectando al cliente en la posición de la escala tonal constantemente, y se requiere de una magnifica observación para detectar la emoción,

---

*ESTRATEGIAS: Principios y rutas fundamentales que orientarán el proceso administrativo para alcanzar los objetivos a los que se desea llegar. Una estrategia muestra cómo una institución pretende llegar a esos objetivos.

ya que el cliente expresa con movimientos del cuerpo, la emoción donde se esta cambiando o en la que se encuentra.

Si el cliente se encuentra en un tono lejos de fuerte interés hay que irlo subiendo hasta llegar a este punto, es valido preguntar al cliente si le interesa el producto o servicio para irnos dando cuenta donde esta posicionado, para esto daremos unas indicaciones auxiliares que mucho ayudarán al vendedor.

DE QUE TEMA HABLA LA PERSONA EN CADA EMOCIÓN

0.0   no hay emoción

0.05 ¿De qué habla el cliente? en esta emoción hablara de que ya nada tiene remedio o solución. Dirá "para que perder el tiempo", "esto no vale la pena", etc…

0.5 pesar o aflicción, aquí hablara solo de las pérdidas que ha tenido y mostrara una tendencia a temas de tristeza.

0.8 aquí en propiciación, el cliente hablará de que hay que dar algo para evitar problemas.

0.9 en compasión el cliente o cualquier interlocutor hablarán de compadecer a los demás. Usando mucho la palabra "pobrecito" "pobrecita".

1.0 en miedo hablará el interlocutor o el cliente del peligro que hay en el medio ambiente y ese será su tema favorito.

1.1 en ésta emoción el interlocutor o cliente te trastornará con su conversación, tratará de destruirte sin que te des cuenta de su propósito. O por lo menos te hará sentir mal, y te tratará hipócritamente.

1.2 en ésta emoción el interlocutor o el cliente hablan de crueldad sin mencionarla y platican de asuntos donde alguien se daño o que sufría un grave problema, como si fuera un asunto divertido.

1.5 ahí el cliente o interlocutor habla de destruir cosas, personas, situaciones o condiciones, pero siempre con el afán de la destrucción. Desea parar cualquier cosa que estés haciendo y te criticará fuertemente, en su afán de detenerte o destruirte.

1.8 en ésta emoción el cliente o interlocutor no se puede concentrar en ningún tema, esta molesto y así lo manifiesta.

2.0 habla el cliente o interlocutor de lo equivocado que están las personas y como cometen errores en ciertos lugares o condiciones. Te hace sentir que estas equivocado o te lleva la contraria en cualquier tema que le trates.

2.5 aburrido, la persona o interlocutor, como tiene sus unidades de atención dispersas, no tiene nada especifico en mente, y solo busca y pregunta hacia donde mandar las unidades de atención, por ejemplo te dirá "eso es muy aburrido yo preferiría algo mas interesante". O te dirá "por el momento no estoy interesado" o "quizás otro día vemos ese asunto" etc...

2.8 aquí la persona hablará de lo que es interesante para él o ella, pero de manera superficial y sin detenerse mucho en algún tema. Sin embargo es un buen punto para que empieces a tratar el tema de tu venta.

3.0 en ésta emoción la persona hablará que no requiere cambios la situación, condición o empresa y se aferrara en no cambios. No le gustará la tecnología moderna, porque representaría muchos cambios tanto en funcionamiento, como en conocer cosas nuevas que cambien su forma de trabajo o de vida.

3.3 aquí la persona tiene sus mil unidades de atención en algo o alguien, su tema de conversación esta en creencias e ideas muy arraigadas, y su conversación esta de acuerdo a las circunstancias racionales o agradables del momento. Este es el momento para cerrar tu venta.

4.0 en ésta emoción el cliente o interlocutor hablaran de cosa alegres, harán bromas y tendrán un sentido del humor bastante elevado.

6.0 aquí la persona hablará de belleza, de lo bello que esta todo y ese será su tema favorito. Y lo que le agrada de su trabajo. Disfruta su trabajo.

8.0 en ésta emoción la persona te comunicará de aquello que lo llevo a esa emoción, que es alegría desbordante y solo de eso comunicará fuertemente y con gran énfasis.

20.0 aquí la persona comunicará solo de aquello en lo que esta trabajando en el momento y te pedirá que no desvíes sus unidades de atención por que las tiene dedicadas a producir.

22.0 En ésta emoción la persona siente que la vida es como un juego, y le gusta vencer las barreras, buscar oportunidades y ganar en lo que se propone.

30.0 en ésta emoción la persona te indicará lo que se va a lograr y como se va a obtener. Con intención y certeza.

40.0 la comunicación en ésta emoción es amplia completa y total no importando el tema de que se trate, estará dispuesto a manejar cualquiera de estos, en forma causativa.

También para cada emoción existe lo que se llama lenguaje corporal que no es otra cosa que la forma de actuar de la persona en los movimientos del cuerpo en cada emoción.

Se sugiere que el vendedor pase a una organización de Scientology para hacer el curso completo de la escala tonal emocional y practicarla continuamente con las personas, ya que éste material es muy necesario para el vendedor.

Todo éste tema esta basado en las obras del Sr. L. Ronald Hubbard.

Se agradece profundamente a la L. Ronald Hubbard Library por el permiso para reproducir una selección de las obras registradas de L. Ronald Hubbard

LA VENTA CONFORME A LA ESCALA TONAL EMOCIONAL

Hay varias emociones que ayudan al vendedor a lograr la venta pero solo mencionaremos las mas relevantes, así en la emoción de interés ligero cuya definición es: interés ligero mas o menos 250 unidades de atención en algo o alguien; para ti será fácil saber cuando el cliente esta en ésta emoción, ya que muestra algo de interés por el producto o servicio que le estés vendiendo y sus preguntas nos lo indicaran, cuando el vendedor tiene al cliente en ésta emoción debe darle los datos (beneficios del producto o servicio) que incrementen la emoción de interés para que el cliente pase a una emoción superior que se llama fuerte interés, definición de la emoción: mil unidades de atención en algo o alguien; ésta es la única emoción en que la gente o el cliente compra, pero la duración en tiempo de ésta emoción puede ser muy pequeña, a veces dura segundos o menos y es el momento de cerrar la transacción.

Para lograr lo anterior el vendedor debe colocarse en 22.0 que es juegos, para lograr estar en esta emoción el vendedor deberá hacer una estrategia, que es la condición del juego, y mantenerte en ella hará que estés en total control de la venta.

LA VENTA DE RELEVO

Se usa cuando quieres que un vendedor se entrene en nuestra nueva fase científica de la venta, por lo que aquí utilizamos dos vendedores los cuales tendrán cuidado de seguir paso a paso la venta, los dos pueden hablar pero se siguen ciertas reglas y estas son: no interrumpir al que esta hablando, el que esta hablando terminara con una pequeña pausa y en la pausa entra la comunicación del relevo, esto es vital para que la comunicación no se encime ni se perturbe, observando esta regla, se debe dejar hablar al que esta en turno y tomar la palabra en la pausa preindicada para evitara cualquier problema y sobre todo se deberá reforzará a la venta, ya que lo que no se le ocurre a uno, se le ocurrirá al otro y así hasta terminar con éxito la venta.

COMO LOGRAR EFECTIVIDAD EN LA VENTA DE RELEVO

Si estas tratando de salir de la trampa del vendedor (ver capítulo 12 "La Trampa del Vendedor), y estas acompañado por otro vendedor de tu empresa, simplemente hazle una señal para que él te haga el relevo que necesitas, en lo que te recuperas y te ubicas nuevamente en interés.

Si no estas acompañado, y te sientes en la trampa del vendedor, y tienes al cliente delante de ti, hazle una llamada telefónica a un compañero para que te ayude en la venta, tu simplemente puedes decirle al cliente que vas a hablar con tu compañero para ver si tiene una mejor oferta para él, lo cual le permitirá a tu cliente un descanso para subir por la escala y tomar una decisión.

No olvides las otras leyes naturales, y aplicarlas según sea necesario.

CAPITULO 12
LA TRAMPA DEL VENDEDOR

La Trampa del Vendedor

Hay una escala descubierta por el Filosofo L. Ronald Hubbard
Que muestra como una relación de ventas, puede fracasar.

Vendedor	Cliente
Interesar	No saber
Desear	Inhibir
Esfuerzo	Esfuerzo
Inhibir	Desear
No saber	Interesar

Todo lo que el vendedor tiene que hacer es continuar tratando
De interesar al cliente y la inversión no sucederá" LRH

De acuerdo a los axiomas de la venta, antes mencionados:

"Axioma 9. La escala *DEI "Interés a no-saber", debe utilizarse con cautela.

Axioma 10. La escala *DEI "Interés a no-saber", debe ser utilizada sólo por el cliente.

Corolario: Cuando el vendedor, *desea* hacer la venta en ese momento activa la escala DEI de Interés a no-saber en sí mismo, en forma inversa al cliente.

Por lo que el vendedor termina en la primera posición de la escala que es "no saber". Y como efectivamente no sabe que hacer, abandona la venta, sin saber que paso.

Daremos un ejemplo de como sucede esta situación: En una tienda de autoservicio encontrará que las personas (clientes) que llegan, están viendo algunas cosas que pueden ser de su interés, cuando se les acerca un vendedor y le pregunta, "¿Les puedo ayudar en algo?" y la primera reacción del cliente es "Solo estoy viendo..", En la escala DEI ese punto sería de "no saber" a "inhibido", después esta persona, tendrá una especie de esfuerzo por decidirse a comprar o no, el artículo en cuestión, pasando este punto, el cliente se decide y finalmente lo desea comprar, y busca al vendedor ya con el interés de comprar.

Ahora, el vendedor puede llegar en interés para hacer su venta, de manera suave y cerrarla.

En cambio si el vendedor insiste con el cliente (esto es sin darle la oportunidad al cliente de pasar por todo la escala DEI) el vendedor activa esta escala de manera inversa en él mismo, es decir el irá descendiendo de Interés a no saber, y el vendedor sin darse cuenta perderá el interés por hacer la venta.

Esta es la trampa del vendedor, en la que la mayoría de los vendedores cae.

Lo que se debe de hacer es simplemente mantenerse en interés, y permitir que su cliente pase por toda la escala DEI, y esperar pacientemente a que se decida.

Recuerda que tu emoción debe ser Estrategia o sea Juegos 22.0, por lo que sabiendo el comportamiento de esta escala, solo permítele a tu cliente pasar a través de la escala, como parte de tu estrategia.

Te recuerdo que tu venta debe ser suave y tranquila en total control.

¿POR QUÉ LA TRAMPA DEL VENDEDOR NOS TOMA DESPREVENIDOS?

El ser humano tiene la capacidad y la habilidad de poder ser lo que él quiere ser, por lo tanto, un vendedor usando un dato falso, a veces quiere ser el cliente, se transforma en el cliente y en ese punto activamos la trampa del vendedor y caemos irremediablemente en ella.

Si caes en la trampa del vendedor es posible que en ese momento necesites ayuda, lo primero es salirte de ella ubicándote nuevamente en interés, si esto no es posible, o realmente ya no quieres nada con el cliente es porque ya estas completamente abajo en ésta escala, por lo que puedes recurrir a la venta de relevo.

Solo recuerda que tu cliente ya esta listo para comprar y si no le vendes tu, otro vendedor se presentará y se llevará tu venta.

CAPITULO 13
PROBLEMA

PROBLEMA

By- L. Ron. Hubbard

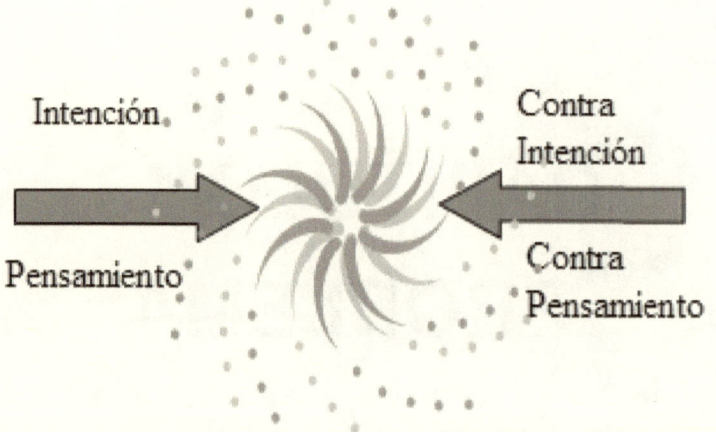

Intención

Pensamiento

Contra
Intención

Contra
Pensamiento

Sin Problema

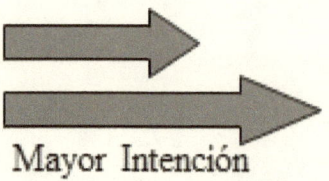

Mayor Intención

PROBLEMA

En la ilustración anterior se muestra una gráfica que representa un problema, consistiendo éste de una intención y una contra intención o un pensamiento y un contra pensamiento

Si tú como vendedor le dices a tu cliente "no, no, cliente... está usted muy equivocado"... mejor harías recoger tu maletín e irte de ahí ya que no lograrás ninguna venta.

Sabemos que el cliente, no siempre tiene la razón, pero más allá de este punto encontrarás que él tiene en mente algo, que posiblemente no te ha dicho, o que tu lo has pasado por alto.

Para esto, lo único que te queda es comunicarte más con él hasta que encuentres un punto donde él tiene razón, o al menos puedes estar de acuerdo con él, y en ese momento (ya tienes la realidad) simplemente tomas el control de la comunicación, usas tu técnica de persuasión, cambias el vector opuesto y te pones en un vector vertical, cooperando con él, y el problema dejará de existir, y tu lograrás tu venta.

También podemos tener el problema de un cliente enojado, ¿alguna vez has batallado con un cliente enojado?

¿Qué hacemos con un cliente enojado?, lo que debemos de hacer; es escucharlo sin interrumpirlo para que exponga toda su queja y cuando termine siempre le preguntaremos hay algo más señor y de no ser así remediaremos la queja a satisfacción total de él. Invirtiendo el vector opuesto, en un vector vertical.

En resumen, la clave para eliminar el problema, es escucharlo, conocer toda la historia, y luego dejar que el cliente mismo, al estar hablando, encuentre una solución, claro con un poco de ayuda de tu parte.

LA PERSUASIÓN

El arte de la persuasión; es la habilidad de lograr acuerdos dentro de la realidad de las personas. L. Ronald Hubbard.

Ahora bien la persuasión la podrás lograr encontrando que quiere y necesita tu cliente exactamente, y esa es la realidad de tu cliente, dentro de eso que necesita y desea están las bases de tu venta, ignorarlas o pasarlas por alto te pone en un terreno de no comprensión y la persuasión no tendrá lugar.

OTROS PROBLEMAS EN LAS VENTAS:

LA DISPERSIÓN COMO AFECTA AL VENDEDOR

La dispersión, es un tema importante por que provoca muchos daños, sobre todo en las ventas, un vendedor disperso no se puede concentrar en lo que esta haciendo, ni percibe los indicadores que le muestran lo que esta ocurriendo con el cliente; para evitar esto solo te queda un camino, tienes que hacer un ejercicio llamado: de unidades de atención, este ejercicio consiste en que pongas pocas unidades de atención en algo o alguien, las modifiques a voluntad y las vayas incrementando poco a poco, hasta que tengas 1000 unidades de atención en ese algo o alguien. Por 1000 unidades de atención se entiende total atención en algo o alguien, y en ese momento debes de sentir la necesidad completa de ese algo o alguien, si no sientes esa necesidad no has llegado a las 1000 unidades de atención; este ejercicio es tan importante, por que aumenta la capacidad de concentración de la persona y sobre todo evita la dispersión.

¿Cómo sabes que estas disperso? Esto es fácil y sencillo cuando no te puedes concentrar en nada, es que estas totalmente disperso, tus unidades de atención vagan de una cosa a otra, o de un tema a otro, o de una persona a otra, esto es infinito y tiene tantas variables que es imposible enumerarlas aquí, pero tú fácilmente puedes saber cuando estas disperso. Por favor no continúes así en la venta, por que vas a perder ventas; por ejemplo en el proceso de la venta, la primera parte de concentración es en la calidad de alcance y esto no lo podrás obtener si estas disperso, segundo en el proceso de la venta, te tienes que ir dando cuenta de que ley debes aplicar y usar a satisfacción de la ley; por satisfacción de la ley queremos decir, que estés completamente dentro de esa ley.

¿QUÉ HACER PARA EVITAR LA DISPERSIÓN?

En éste punto podemos clasificar la dispersión en tres tipos de personas:

Persona altamente dispersa, que no puede tener más que una a cinco unidades de atención en algo o alguien.

Persona ligeramente dispersa, es una persona que solo puede tener de 50 a 100 unidades de atención en algo o alguien.

Persona con mínima dispersión, será una persona que solo puede tener 150 a 200 unidades de atención en algo o alguien.

Ahora, el tratamiento para estos tres tipos de personas es: en la tercera persona, la dispersión es fácil que se recupere en esa persona ya que con una gran voluntad puede añadir unidades de atención, cuando sienta que estas se están bajando; en la segunda persona esta persona solo rehabilita su dispersión con el ejercicio que mencionamos antes y la tercera persona se requiere que haga el ejercicio indicado arriba y posteriormente le añada a ese ejercicio ir a cualquier tienda departamental, ahí buscar que objeto le llama la atención e incrementar éste nivel de atención hasta lograr 1000 unidades de atención, en este punto debes sentir la necesidad de adquirir el objeto, de no ser así el ejercicio no está completo y si compra el objeto mucho mejor; así es que fíjate que el objeto no este muy caro para que no salga de tus posibilidades de compra.

CAPITULO 14
LABORATORIO
DE VENTA

ANATOMIA DE LA VENTA:

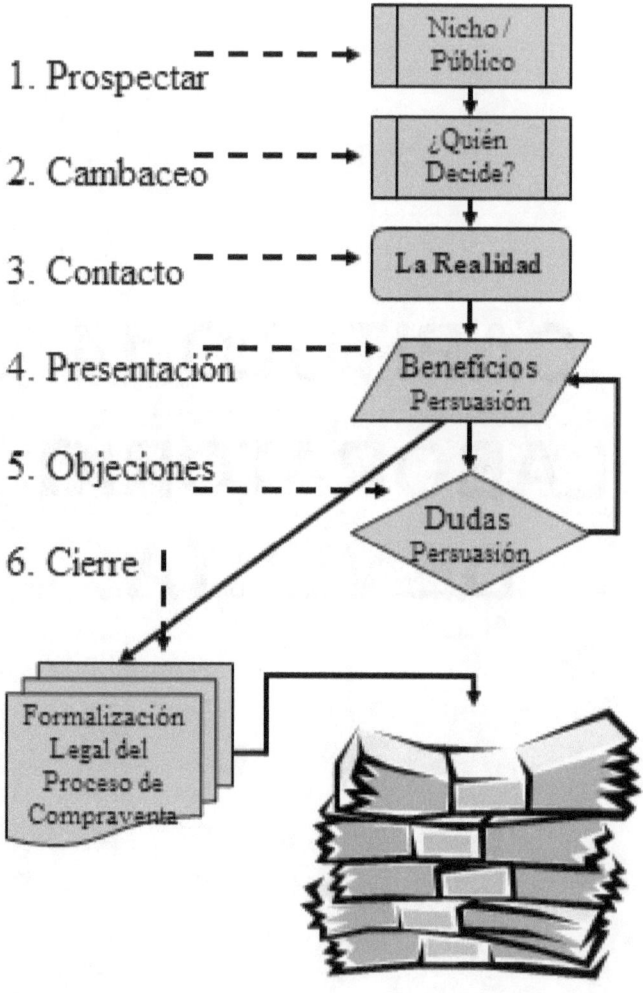

PROSPECTAR: Explorar el tipo de cliente que corresponde a ese producto o servicio.

NICHO: Cuota o parcela de mercado claramente diferenciada por sus preferencias, y necesidades.

PUBLICO: Conjunto de personas que participan de unas mismas aficiones, concurren a un lugar determinado para asistir a un espectáculo o con otro fin semejante, utilizan iguales servicios o tienen aficiones comunes.

CAMBACEO: Es encontrar la persona que decide y autoriza la compra, antes el cambaceo era simplemente tocar de puerta en puerta, ahora se encontró que mucho esfuerzo y trabajo se pierde al NO estar con la persona que decide y autoriza la compra. El vendedor que hace su presentación con la persona que es el usuario final, pero no es quién decide, pierde su tiempo. Ya que esta persona no le presentará a la persona que decide la compra, la presentación original, sino una interpretación, que puede ser muy breve y nimia.

¿QUIEN DECIDE? Siempre debemos de informarnos para encontrar la persona que decide la compra para que a ella le hagamos la presentación. Es posible que la persona que decide la compra y la autoriza a su vez tenga un líder de opinión dentro de la empresa o fuera de ella, así que lo mejor es hacer una presentación con todas las personas que quieran participar, para que estén presentes las personas indicadas.

CONTACTO: Es la persona que nos contacto, interesándose por nuestros servicios o productos, pero es posible que no sea quién decide la compra o la autorice. Si es este el caso no debemos abandonarla en ningún momento, ya que de alguna manera esta es la que nos abrió la puerta. Esta persona deberá participar en todo el desarrollo de la venta, y no se deberá descuidar ni pasar por alto. Ahora bien si esta persona que nos contactó es la que puede decidir o tramitar el cierre de la venta, se le tratará como cliente, con todas las reglas de la venta que se dan en este libro.

LA REALIDAD: Es la parte vital de la venta ya que ésta genera el acuerdo. Y es principalmente encontrar lo que el cliente quiere, necesita o desea, cuando encuentras esto tienes la realidad del cliente, en este punto es donde deberás trabajar para obtener su acuerdo y cerrar la venta.

PRESENTACION: Es enfocarse en todos los beneficios que dan el producto o servicio, incluyendo el precio cuando éste se considera un beneficio. Debes tener una estrategia bien diseñada basada en lo que el cliente necesita o desea, y tu presentación deberá mencionar todos los beneficios que puede obtener con tu producto o servicio, ya que esto es lo que vende.

Por favor no le presentes cosas que él no te ha pedido o que ni se le habían ocurrido, mantente sobre la línea de lo que el necesita y desea únicamente.

BENEFICIOS: Es el proceso que involucra, ya sea explícita o implícitamente, un peso total de los gastos previstos en contra del total de los beneficios (Bien que se hace o se recibe) previstos de una o más acciones con el fin de seleccionar la mejor opción o la más rentable.

Hacer que algo produzca fruto o rendimiento, o se convierta en aprovechable.

Y lo más importante en este punto, es que puedas desarrollar una lista de todos los beneficios de tu producto o servicio, enfocándote porqué es valioso.

PERSUASION: Introducir a alguien con razones a creer y comprar.

Para poder persuadir a alguien lo primero que tienes que hacer es encontrar su realidad, y dentro de la realidad de esa persona (sin salirte de esa realidad) busca y encuentra un acuerdo, que finalmente esto es lo que cierra tu venta.

OBJECIONES: Se ha encontrado que invariablemente todas las objeciones que pone el cliente son porque tiene alguna duda, hay que encontrar esa duda y aclarársela y eso maneja la objeción.

DUDAS:

1. Suspensión o indeterminación del ánimo entre dos juicios o dos decisiones, o bien acerca de un hecho o una noticia.

2. Suspensión voluntaria y transitoria del juicio para dar espacio y tiempo al espíritu a fin de que coordine todas sus ideas y todos sus conocimientos.

Es posible que el cliente no te mencione su duda, o que tú pasaste por alto alguna duda que él te mencionó, o que de momento se acordó de algo que no había tomado en cuenta, bueno lo que sea... Tu simplemente pregúntale, ¿Qué duda tiene?... Y asegúrate de manejar la persuasión tal y como te lo mencionamos anteriormente.

CIERRE: formalización legal del proceso de compraventa.

Solo se refiere a que los documentos deben ser congruentes al acuerdo hecho.

Cuando el cliente te dice "Sí, esta bien..." ya cerraste la venta. Prepara los documentos para que el cierre quede de manera formal.

Por favor no sigas vendiendo... Es decir sigues hablando de tu producto o servicio sin parar... No lo hagas, la parte técnica la encontrarás en el Ciclo de Acción, de este libro.

LABORATORIO DE VENTAS
ALGORITMO

1. Prospectar ← ¿Qué Nicho, y qué Público, y porqué?

2. Cambaceo ← Nombre de la Persona que decide y qué Empresa

3. Contacto ← ¿Qué es lo que necesita y desea? Hacerlo, producirlo o presentarlo

4. Presentación ← De acuerdo a la realidad del cliente, ¿Qué Beneficios le estoy ofreciendo y porqué?

5. Objeciones ← ¿ Hay Dudas? ¿Se contestaron todas sus preguntas? ¿Tiene dudas y no las manifiesta? ¿He sido claro en mi exposición?

6. Cierre ↓

¿Los documentos están completos en orden y congruentes a los requerimientos del cliente?

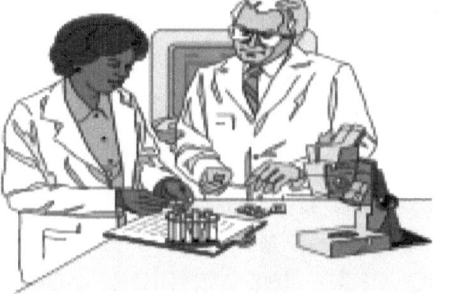

LABORATORIO DE VENTA

¿Qué es un laboratorio de ventas? Un laboratorio de ventas es: un sistema dotado de los medios necesarios para realizar investigaciones, experimentos y trabajos de carácter científico o técnico.

¿Cuándo se hace un laboratorio de ventas? Se sugiere que el laboratorio de ventas se haga cada semana y se pasen todas las ventas de la semana por el laboratorio, ¿Porqué lo sugerimos así? Porque, las ventas que fueron exitosas tuvieron su razón de ser para hacerlo; y esto debe ser reforzado para que la venta futura salga tan exitosa o más.

O las ventas que no fueron exitosas, encontrar las causas que provocaron esta situación y corregirla de inmediato para que no vuelva a ocurrir.

De no hacer este laboratorio de ventas los errores no se observarán y el vendedor caerá en un error tras error, sin saber porque. <u>Y esto a la larga lo desmotivará.</u>

Recuerda las ventas son pura estrategia, con tu laboratorio siempre estarás en alerta y en el juego.

¿Cómo hacer el Laboratorio de Ventas paso a paso?

Como ya te lo mencionamos en la parte de la anatomía de la venta, cada uno de los pasos serían:

PROSPECTAR: Necesitas hacer un análisis de ¿Qué Nicho es y qué público y porqué?, cuando se hace un análisis no se debe pasar por alto ningún DATO.

CAMBACEO: Aquí se requiere de saber el Nombre de la persona que decide y de qué empresa, es conveniente hacer una base de datos.

CONTACTO: Sabes exactamente que se necesita o desea de tu producto o servicio, le preguntaste específicamente a tu cliente este DATO, si tienes este DATO entonces, que fue lo que le presentaste, ¿esta de acuerdo a sus necesidades y requerimientos? Sé totalmente preciso en este punto. No justifiques otras razones.

PRESENTACIÓN: De acuerdo a la realidad del cliente, ¿Qué beneficios le ofreciste y porqué? Tu análisis en este punto puede darte mucha información.

OBJECIONES: El cliente todavía no se decide… Lo más seguro es que tenga dudas. En este punto, tienes que hacer un análisis de: ¿Contestaste todas sus preguntas? O ¿Pasaste por alto alguna?, ¿Fuiste claro en tu exposición?, ¿Te aseguraste de que te entendiera?, ¿O lo hiciste tan rápido que dejaste dudas en el camino?,

Si todavía en este punto no se decide, entonces necesitas preguntarle directamente, ¿Tiene alguna duda...? Y asegúrate de ser claro y preciso en tu respuesta.

PERSUASIÓN: ¿Usaste este DATO exactamente, o simplemente trataste de convencerlo de tu idea?, observa con cuidado este DATO y analízalo.

CIERRE: ¿Los documentos están congruentes con el acuerdo hecho?, ¿tienen todos los datos acordados?, Cuida que no tenga DATOS incluidos no acordados con el cliente.

Ahora lee con cuidado todo tu análisis y ve que te hace falta hacer, mejorar o desarrollar.

Recuerda que el Laboratorio puede ser por ventas exitosas o por ventas que están teniendo dificultades en el cierre.

ANÁLISIS DE LA VENTA PARA MEJORAMIENTO DE LA MISMA

Puntos a observar para un análisis de la venta:

1.- Hubo un alcance de calidad, sí o no, si la respuesta es no definitivamente es una venta con muchas dolencias, si la respuesta es sí se deberá observar que los pasos siguientes fueron correctos y efectivos, por ejemplo: ¿Cómo se incremento la afinidad?; ¿Se logro el rapport correcto?, y así se va buscando paso a paso, venta por venta, si hubo fallas o no, hasta lograr la máxima eficiencia.

LA ADMINISTRACION

- Hace más de 10,000 años con los Himnos Védicos (Los vedas) se descubrió el siguiente DATO

- **CICLO DE LA EXISTENCIA: SER, HACER Y TENER.**

- CICLO DE ACCIÓN: INICIAR, CONTINUAR Y TERMINAR

**EFICIENCIA ES:
CERRAR CICLOS DE ACCION
O TERMINAR CICLOS DE ACCION**

Quality Management, A.C.
Tel.: 01 800 836 0706
www.management.com.mx
e-mail: lebore.zahoulij@hotmail.com

LA ADMINISTRACIÓN EN LAS VENTAS

Comenzaremos diciendo que más del 40% de las ventas se pierden por falta de seguimiento.

Así que es importante revisar este punto de administración.

Para no hacer esto muy complicado, sino más bien práctico y sencillo, simplemente hablaremos del ciclo de acción.

Este consiste en iniciar, continuar y terminar algo. De ésta manera un asunto lo inicias, le haces seguimiento y lo cierras.

El único problema que existe en casi todos los vendedores es; tienen una agenda (a veces más de una, lo cual es *entropía o desorden) que si ves tu agenda, verás que no tiene fechas tentativas de cierre o terminación, solo esta el asunto pendiente, y más asuntos pendientes. Y así parece ser que los ciclos de acción no tienen para cuando terminar.

Por lo tanto es importantísimo el seguimiento, pero todo seguimiento debe tener la intención de cerrar ciclos de acción.

Ahora bien que pasa si cuando estas con tu cliente te dice el cliente, "Si, esta bien… ¿Cuánto va a ser?"… Y tú continúas hablando y vendiendo tu producto o servicio.

Mira, el ciclo se cerro en cuanto el cliente te dijo "Si", y tu volviste a abrir el ciclo al seguir vendiendo, así que abriste un nuevo ciclo y tendrás que continuar nuevamente hasta cerrar el ciclo, o bien se te caerá la venta.

Hay cursos complicadísimos de administración de las ventas, por favor solo ve al fundamento CIERRA CICLOS DE ACCIÓN, este es el DATO correcto, que te permite desarrollar con éxito tu administración y eficiencia en las ventas.

SOLUCIÓN DE LOS PROBLEMAS DE LA VENTA

¿Qué problemas puede haber en la venta?

La anatomía de la venta es, como ya dijimos una idea, contra otra idea, o bien un pensamiento contra otro pensamiento.

El fundamento entonces es no crear una fuerza opositora, sino encontrar la RAZON y trabajar en un vector paralelo para resolver cualquier situación.

A continuación te daremos algunas ideas:

1.- Alcance de calidad no efectuado, solución: haga que todo su personal practique hasta lograr un buen alcance de calidad.

2.- Y éste es el más común de los problemas; no es la persona quien decide con la que se esta tratando o haciendo la presentación de venta; solución: rectifique todo el proceso hasta obtener a la persona que decide, por que solo con ella se logra la venta.

3.- Presentación incorrecta, solución: recuerde que la presentación debe sobre todo marcar los beneficios del producto o servicio, de no ser así provocara muchas objeciones.

4.- Tenemos un cliente furioso por que no se le cumplió lo que se le prometió, este problema provoca el funeral de las empresas ya que un cliente enojado genera en automático mínimo 20 clientes más potenciales perdidos, este problema es más común en las fechas de entrega, se promete una fecha y no se cumple, por lo que aquí la solución es encontrar la fuente de la falla y ver porque se hizo esto, corregirlo y lograr la solución correcta.

Recuérdese que en la venta toda la empresa u organización debe funcionar como una sola persona, esto solo se logra con la escala de cohesión de grupo la cual encontraras en el capitulo 18.

ALGORITMOS

*Algoritmo:

1. Conjunto ordenado y finito de operaciones que permite hallar la solución de un problema.

2. Método y notación en las distintas formas del cálculo.

Recuérdese que aquí estamos tratando la función de 10 x 10, o sea de 10 prospectos 10 ventas, ni una menos por lo que si este porcentaje baja, por ejemplo: de 10 prospectos a 8 ventas, tenemos dos ventas que deben ser perfectamente analizadas para desarrollar una solución, de no ser así será una falla de la gerencia en su laboratorio de ventas. Esta solución debe recabar el origen de la falla y los pasos para restablecerla hasta llegar nuevamente al 10 x 10, o sea 100% de las ventas.

No se olvide la condición de juegos 22.0, que es tener una estrategia y llevarla a cabo siempre con la idea de "ganar", o sea hacer una venta exitosa.

No hay razón o motivo que no puedas resolver, si conoces bien todos los datos de este libro.

CAPITULO 15
COMO LLEGAR A SER UN VENDEDOR CLASE MUNDIAL.

COMO LLEGAR A SER UN VENDEDOR CLASE MUNDIAL

Hay tres fundamentos en toda competencia:

1. Observa

2. Aprende

3. Practica

Observa: Date cuenta exactamente de lo que esta ocurriendo, ve lo que esta ahí, no interpretes, solo ve lo que estas viendo de manera obvia, no digas que ves algo que se da por entendido, si no esta ahí, entonces no esta, y no lo estas viendo.

Aprende: Es necesario que te informes, que leas y que entiendas lo que estas leyendo y si no te es claro algún concepto investígalo, hasta que te quede completamente claro todo el concepto y sientas que es fácil aplicarlo.

Practica: Aplica el conocimiento y observa los resultados, y no importa cuantas veces tengas que hacerlo, la practica te hará tener más confianza y esto te llevará a obtener los resultados esperados. Exígete todo lo que puedas no seas conformista.

Ahora te daremos un breve resumen de lo que hemos visto:

Así para llegar a ser un vendedor de clase mundial, solo se necesita aplicar los datos que en éste libro aparecen, pero hay que conocer, saber y aplicar la escala tonal emocional, además practicar la admiración con varias personas, recuerda el gradiente, todo comienza con la afinidad, esta debe ser sincera y abierta, y al ir incrementando esta te iras acercando a la admiración, aprende a hacerlo con todas las personas que te rodean, pronto será un habito para ti.

En lo que corresponde a la escala tonal emocional de L. Ronald Hubbard, debemos de conocerla completamente, cada posición en la escala, observarla en las personas y hacer que esa gente se mueva por la escala tonal emocional prácticamente obteniendo de ellas cada una de las emociones que necesitamos para practicar.

Necesitamos darnos cuenta de cuales son las características de cada emoción, reconocerlas y actuar de manera adecuada en cada una de estas, en otras palabras debemos ser verdaderos expertos en la escala tonal emocional.

En lo que corresponde al ARC el vendedor clase mundial debe dominar su conocimiento de este punto y saber que cuando un vértice del triangulo crece los otros dos aumentan, debemos probar esto tantas veces que nos demos cuenta que es lo que esta ocurriendo con este triangulo. Recuerda que con esto haz vivido toda tu vida, manejar adecuadamente el ARC es lo que hará que tus relaciones interpersonales sean un éxito.

Para no caer en la trampa del vendedor procuramos mantenernos todo el tiempo en interés para evitar la inversión y no caer en la condición de no saber que hacer.

Siguiendo todos estos puntos arriba mencionados, practicándolos firmemente sin dudas llegaremos con el tiempo a ser vendedores clase mundial.

QUE ATRIBUTO SE DEBE TENER PARA SER VENDEDOR CLASE MUNDIAL

El primer atributo: es que el vendedor clase mundial cierra ciclos de acción, nunca, nunca, nunca deja un ciclo abierto, por ciclo de acción se entiende:

Segundo atributo: facilidad para mover a las personas en la escala tonal emocional.

Tercer atributo: facilidad para obtener el Rapport con la admiración.

Cuarto atributo: debes tener persistencia y tenacidad para lograr los atributos anteriores, pero sin persistencia y tenacidad nunca serás un vendedor clase mundial.

Quinto atributo: considérate una persona nueva en un mundo diferente, en el que estas entrando por la puerta del conocimiento, recuerda que el vendedor clase mundial trabaja a nivel científico; esto quiere decir que si violas alguna ley o pasas por alto algún axioma, no se dará la condición científica y por lo tanto no se lograran los objetivos.

Sexto atributo: Responsabilidad, por responsabilidad queremos decir, hacer que las cosas salgan bien, llueve, truene o relampaguee, siempre encontrar los recursos para resolver cualquier situación, y tener una actitud estratégica en condición de "juegos", para que las cosas siempre, siempre salgan bien, sobre todo en un vendedor de clase mundial.

Séptimo atributo: debes tener certeza total de lo que estas haciendo, de los datos que estas usando y aplicando, porque solo esa certeza te dará la pauta del conocimiento.

Octavo atributo: no debes mezclar otro tipo de datos, con los que se te dan en este libro, por que son datos no evaluados y pueden ser datos falsos.

Poseyendo estos atributos, observando, aprendiendo y practicando, serás un vendedor clase mundial muy exitoso.

EL VENDEDOR CLASE MUNDIAL.

El vendedor clase mundial debe tener los siguientes atributos:

1.- Debe tener la certeza completa, total y cabal de que los datos que esta usando son los correctos, nunca deberá cambiar estos datos.

2.- Conocer cada una de las leyes que se utilizan en la venta.

3.- Saber su aplicación y el momento oportuno para hacerlo.

4.- Determinar si se presenta alguna desviación, aunque esto es difícil que ocurra se deja abierta la posibilidad.

5.- Tener presencia de ánimo para integrarse a la calidad de alcance.

Además de estos atributos se sugiere que el vendedor clase mundial sea INTEGRO, justo y preciso.

Si cuentas con todas estas condiciones eres buen candidato para vendedor clase mundial y está a tu disposición un diploma si lo solicitas a Quality Management A.C., al correo qualityz@prodigy.net.mx, donde te dará los requisitos para obtenerlo.

CAPITULO 16
LA CALIDAD DE ALCANCE

Calidad de
Alcance

ES LA FINURA, PULCRITUD, CAPACIDAD Y HABILIDAD PARA LLEGAR A LAS
PERSONAS DE MANERA CONFORTABLE.

El vendedor debe poseer todas estas cualidades, si no las tiene practicarlas para que sean de su propiedad y cuando logre una calidad de alcance como aquí se define tendremos un vendedor que verdaderamente utiliza la calidad de alcance y eso es lo que le agrada a las personas.

Por favor tú lector olvídate de todo lo que te dijeron o que te dieron consejos de ventas donde decían que el vendedor debe ser dicharachero, altamente conversador al grado que no deje hablar a su interlocutor, todos estos son datos falsos que no encajan aquí lo único que encaja aquí es la calidad de alcance y la ecuanimidad que es una poderosa energía de precisión, cordura, armonía y equilibrio.

El vendedor que descubre que tiene un dato falso y no lo erradica, nunca podrá llegar a ser un vendedor clase mundial; por lo tanto tu eres tu juez, debes de observarte y saber si usas un dato falso y erradicarlo de inmediato, el vendedor clase mundial solo trabaja con datos verdaderos a nivel científico como los que te damos en esta obra.

Por ejemplo el vendedor que tiene supersticiones, nunca podrá estar seguro y sus intentos serán al azar, esperando que "la buena suerte" lo acompañe, y así nunca podrás ser un vendedor clase mundial por que la superstición es un dato totalmente falso puedes consultar la lista en el capitulo 3 de este mismo libro ahí se determinan varios datos falsos.

A la pregunta ¿Cómo saber si es un dato falso o no? Aquí usamos la definición de dato, un dato es una parte de conocimiento del cual deriva más conocimiento siempre y cuando el dato provenga de una ley natural, usa esta información para tu propio análisis, haz una lista de todos los datos que estas usando y pásalos por este filtro; concluyendo así el que no pase el filtro será un dato falso y éste deberá ser erradicado de inmediato; para tu propio beneficio, haciendo que logres tus metas.

La prueba de fuego para probar un dato es: primero, ¿Puedes desarrollar más conocimiento congruente, lógico y analítico? Si la respuesta es si, entonces tienes un dato verdadero. Segundo, siempre que uses un dato, ve los resultados que arroja el mismo dato; por ejemplo: hace 400 años decían la tierra era plana; dato totalmente falso, porque claramente podrías comprobar en el mar a lo lejos, cuando ves un navío, primero aparece el *mástil y después poco a poco va creciendo el mástil, eso indica la curvatura de la tierra; por lo que éste dato que la tierra es plana es totalmente falso. Otro dato sería la simple observación de la luna y el Sol, estos se ven redondos ¿Porqué la tierra sería plana? Otro ejemplo seria la superstición:** cuando me pongo la camisa morada hago todas las ventas que yo quiero, vamos a analizarlo, primero, ¿que tiene que ver la camisa morada con las ventas?, "Es la creencia en que un determinado fenómeno o situación tiene una explicación mística, mágica o simplemente asumida cultural, social o religiosamente sin ningún tipo de evidencia científica". No hay ninguna relación o conexión; segundo, como este ejemplo es a nivel superstición, prueba haber si la camisa morada te hace vender mejor, si no es así, tira por la borda todas las supersticiones junto con la

---

*MASTIL: Palo mayor de una embarcación.
SUPERSTICIÓN: **1. f. Creencia extraña a la fe religiosa y contraria a la razón. **2.** f. Fe desmedida o valoración excesiva respecto de algo. 3. Es la creencia en que un determinado fenómeno o situación tiene una explicación mística, mágica o simplemente asumida cultural, social o religiosamente sin ningún tipo de evidencia científica.

camisa morada, por que la superstición es fuente de datos falsos.

El dato falso de la superstición se vuelve una idea fija, por ejemplo; ¿te has fijado que muchos hoteles en el mundo no tienen (piso 13)? ¿Que pasa aquí? Estas personas están funcionando no solo en superstición, si no que la superstición se transformo en idea fija, ¿recuerdas la definición de idea fija? Te la volvemos a dar aquí: "Es un dato adoptado, sin ser analizado o acordado por el individuo y opera en base de él." Por lo tanto, en otras palabras la superstición al transformarse en idea fija, genera que el individuo vaya utilizando datos falsos sin ton ni son.

Aquí hemos llegado a un punto importantísimo, no te preocupes, si tienes datos falsos, es seguro que los tienes, todos tenemos por lo menos un dato falso que hace que nos equivoquemos o fallemos en nuestros objetivos, segundo acude a una organización de Scientology y pide un servicio que se llama erradicación de datos falsos, este proceso es muy técnico, solo profesionales y conocedores de esta tecnología la pueden llevar a cabo con éxito, ya que lo que se obtiene es una persona que opera con datos verdaderos, y por lo tanto sus decisiones son correctas y analíticas, y este es el camino para ser un gran vendedor, o sea un vendedor clase mundial.

Por otro lado los datos falsos en la vida nos pueden hacer la vida muy difícil y llenarla de fracasos. No hay necesidad de esto, la solución esta en Scientology.

¿CÓMO AFECTA EL ACERCAMIENTO EN LAS VENTAS?

El acercamiento puede producir movimientos impredecibles, porque no se procede correctamente, el acercamiento debe estar dirigido por la calidad de alcance que es: la finura, pulcritud, capacidad y habilidad para llegar a las personas de manera *confortable, esto sería, darle a las personas la **CONDICIÓN DE SER.

Por lo que vemos el acercamiento o calidad de alcance tiene varios pasos como son:

Finura: 1. Cortesía, Urbanidad, buenos modales. 2. Delicadeza y buena calidad, 3. Suavidad, 4. Educación exquisita, 5. Cualidad de fino.

Pulcritud: 1. Característica de la persona que actúa con aseo y cuidado tanto en su arreglo personal como en su manera de comportarse y de hablar. (Pulcro: 1. Que es limpio y cuidadoso en su aspecto, conducta y forma de hacer las cosas.)

Capacidad: Preparación adecuada para desempeñar un oficio o un trabajo.

Habilidad: Destreza para realizar un oficio o trabajo.

---

*CONFORTABLE: Que conforta, alienta o consuela. Sinónimos; agradable, cómodo, amable, afable, generoso, hospitalario, sociable.
** CONDICION DE SER: 1.- Significa otorgarle vida a algo, permitir o aceptar que otras personas sean lo que son.

Observando estas definiciones, podrás entender y comprender a fondo el concepto, para que puedas aprender y con esto practicar.

En otras palabras ya vimos que la calidad de alcance es un factor primordial para el vendedor de clase mundial por lo tanto no se debe descuidar éste paso y debes practicar cada uno de estos puntos, hasta llegar a obtener los resultados deseados.

Esta es la llave que te abrirá muchas puertas, y buenas relaciones interpersonales, no solo en las ventas, sino con todas las personas que te relaciones. Vale la pena que le dediques la atención adecuada, y lo practiques hasta hacerlo un hábito de vida.

¿QUÉ ES LO QUE SE DEBE HACER Y NO HACER PARA QUE EL ACERCAMIENTO SEA EFECTIVO?

Lo que hay que hacer para un acercamiento efectivo ya fue relatado en el párrafo anterior, los puntos clave de lo que no hay que hacer, los citaremos a continuación: tu saludo debe ser cordial y amable, mostrando respeto hacia todas las personas con las que estas interviniendo, de ahí pasamos a la conversación, no trates de dirigir ésta, si no de principio te concretarías a las preguntas para saber que se necesita y desea de tu producto y/o servicio, se preciso y efectivo al contestar cada pregunta, no hagas lo que muchos hacen, que se salen por la tangente, cambian de tema y no contestan la pregunta, esto es verdaderamente desesperante.

Tu meta en el acercamiento debe ser iniciar, continuar y terminar la parte de la venta en la que estas interviniendo; por ejemplo, si es una presentación te dedicaras a resaltar los beneficios del producto o servicio en una forma mesurada y parca, evitando siempre las exageraciones.

En las escuelas anteriores de ventas que solo usaban la opinión no en el nivel científico que estamos desarrollando, había unas que se dedicaban al cierre exclusivamente, no es éste el caso aquí, ya que el cierre se debe dar en su momento correcto, si no es que el cliente nos lo pide antes de tiempo, pero nunca, nunca debes tratar de apresurar esta situación por que estarás violando la finura y la pulcritud en la calidad de alcance.

LOS EFECTOS QUE PRODUCE EL CONCENTRARSE SOLO EN EL "CIERRE"

Son:

1. El concentrarse en un solo tema te bloquea la mente haciéndote imposible discernir o contemplar otras variables.

2. El cliente sentirá que solo vas por su dinero.

3. El concentrarse solo en el cierre te produce el efecto de no proporcionar información de los beneficios que tiene tu producto o servicio.

4. Estar machacando solo en el cierre provoca molestias en el cliente al grado que se te puede alterar y te causará un desastre seguido de otros desastres.

5. Concentrarse solo en el cierre viola por completo la calidad de alcance.

6. Por lo anterior te sugerimos que evites por completo concentrarte en el cierre y hacer una venta correcta, sigue los pasos de la anatomía de la venta que son: Prospectar, Hacer cambaceo, Contactar, (Con el dato de "calidad de alcance"), Hacer una presentación adecuada a los requerimientos del cliente, manejo de cualquier duda o pregunta y el cierre, (aplicando el ciclo de acción).

7. *Desesperación por el Cierre, aquí hay una cuestión muy técnica, que tratare de explicarte de la manera más sencilla, lo que tu sientes es lo que tu proyectas a los demás, es decir que si estas desesperado, proyectas desesperación y contagias a los que están cerca de ti con tu desesperación, o sea a tu cliente. Fíjate cuando estás esperando en una fila muy larga, alguien se empieza a desesperar y toda esa parte de la fila se empieza a desespera.

Por lo tanto, si tu quieres un cliente en interés, o sea 3.3 en la escala tonal, y tu estas en 0.98 *desesperación, un sentimiento entre el miedo y el terror, y le proyectas a tu cliente esto, lo lanzarás a 0.98, y en ese tono NO lograras ninguna venta.

El cierre entonces deberá ser suave, con un ACUERDO bien fundamentado, donde logres la satisfacción de tu cliente y su total aceptación.

---

* desesperación: una concentración de unidades de atención en lo que estas esperando, y que no llega el momento para que te lo den o suceda.

CAPITULO 17
LA MEJOR
ESTRATEGIA

LA MEJOR ESTRATEGIA

Primero debemos definir el concepto de estrategia como lo estamos usando aquí:

ESTRATEGIA, según la describe la teoría de juegos.

ESTRATEGIA EMPRESARIAL: se refiere al conjunto de acciones planificadas anticipadamente, cuyo objetivo es alinear los recursos y potencialidades de una empresa para el logro de sus metas y objetivos de expansión y crecimiento.

ESTRATEGIA DE MARKETING: está dirigida a generar productos y servicios que satisfagan las necesidades de los clientes, con mayor efectividad que la competencia, a fin de generar en el cliente lealtad hacia una empresa o una marca. Es una parte del marketing que contribuye en planear, determinar y coordinar las actividades operativas.

PENSAMIENTO ESTRATÉGICO: método de pensamiento que puede ser empleado para la resolución de problemas de manera creativa.

La Mejor
Estrategia

- Hacer un plan de Acuerdo a la Anatomía de la Venta.
- Reforzar y dominar todos los puntos del profesional.
- Seguir los canales de Aceptación
- Apoyarse en un Marketing efectivo

La mejor estrategia del vendedor clase mundial.

Hacer un plan de acuerdo a la anatomía de la venta: Necesitas ir paso por paso en cada uno de los puntos de la anatomía de la venta, ya que se ha visto que cuando se descuida uno, la venta ya no fluye de manera suave, si no que se detiene, se pierde, o se abandona porque no se sabe "qué paso", si haces el laboratorio de ventas y buscas con un análisis preciso, justo y honesto, encontrarás que uno de los pasos no se dio por lo que ahora necesitaras implementarlo.

Reforzar y dominar todos los puntos del profesional: 1. Sabe las leyes de las ventas, las leyes de las ventas como ya se vio en el capítulo "las leyes naturales de las ventas", deberás aplicarlas siempre, comprende que cuando es una ley, eso pasará invariablemente, si no tienes ARC, lo que obtienes es lo contrario, no afinidad, no REALIDAD (o sea no venta), y no comunicación, así que mira si dentro de tu laboratorio de ventas están implementadas las leyes naturales de las ventas, si no, este es un paso que deberás revisar y llevar a cabo, como parte de tu plan y estrategia.

Seguir los Canales de Aceptación: Necesitas saber para tus futuras ventas, cómo llego el cliente a ti, o como llegaste tu al cliente, o sea ¿él te llamo?, ¿porqué? ¿Cómo supo de ti?, ese sería el "Canal", o si tu lo llamaste, ¿Porqué? ¿Cómo encontraste este prospecto?, y ese sería tu "Canal".

Ahora porqué te compró el cliente, que fue exactamente lo que lo motivo a comprarte, ¡No adivines!, simplemente pregúntaselo. Ya sea que te haya contactado o que tú lo hayas contactado, siempre pregunta porqué se decidió, y ese sería la "Aceptación", teniendo el "Canal de Aceptación" tendrás los datos vitales para seguir generando ventas al futuro.

Apoyarse en un Marketing efectivo: Se ha visto que cuando la empresa, o la persona no sabe con exactitud lo que el cliente necesita y desea, simplemente no tiene la herramienta vital para proponer su producto o servicio y en este punto el vendedor por sentido común hace marketing y venta al mismo tiempo, esto ya lo vimos en el capítulo de "Diferencia entre el Marketing y las Ventas"

Definamos Marketing:

El término marketing es un anglicismo que tiene diversas definiciones. Según Philip Kotler (considerado por algunos padre del marketing) 1. es «el proceso social y administrativo por el que los grupos e individuos satisfacen sus necesidades al crear e intercambiar bienes y servicios». 2 También se le ha definido como el arte o ciencia de satisfacer las necesidades de los clientes y obtener ganancias al mismo tiempo. Es en realidad una subciencia o área de estudio de la ciencia de la administración.

El marketing es también el conjunto de actividades destinadas a lograr con beneficio la satisfacción del consumidor mediante un producto o servicio dirigido a un mercado con poder adquisitivo, y dispuesto a pagar el precio establecido.

En español, marketing suele traducirse como mercadotecnia, mercadeo o mercática, 3 aunque otros autores también la traducen como estrategia comercial o promoción y propaganda.

Por otra parte, la palabra marketing está reconocida por el DRAE; 4 y aunque se admite el uso del anglicismo, la RAE (Real Academia de la lengua Española) recomienda usar con preferencia la voz española mercadotecnia.5 La adaptación gráfica de marketing propuesta por la RAE es márquetin.

El marketing involucra estrategias de mercado, de ventas, estudio de mercado, posicionamiento de mercado, etc. Frecuentemente se confunde este término con el de publicidad, siendo esta última solo una herramienta de la mercadotecnia

EL PROFESIONAL

- Sabe las leyes de la venta.
- Aplica la ley que corresponde.
- Usa el ARC consistentemente.
- Se mantiene en 22.0
- Provoca RAPPORT
- Usa el laboratorio de ventas.
- Maneja cualquier situación.

Quality Management, A.C.
Tel.: 01 800 838 0706   24
www.management.com.mx
e-mail: contacto@management.com.mx

Recuerda que hacer estrategias te coloca en la emoción de juegos que es 22.0 en la escala tonal emocional, por ejemplo: previo al rapport tienes que tener la absoluta seguridad de que el rapport solo se consigue con la admiración, ahí ya estás usando la estrategia, sostén la admiración hasta que sientas que el cliente empieza a cooperar contigo, ese es el punto donde se inicia el rapport y encontraras o notaras que no solo el cliente empieza a cooperar contigo, si no que él te ayudara a que hagas la venta.

La mejor estrategia que debe utilizar el vendedor clase mundial, es que debe de tener en la mente el conjunto de las reglas que aseguran una decisión óptima en cada momento, conforme a lo indicado en este libro, recuerda que esas reglas son funciones científicas y deben ser implementadas al pie de la letra, por lo que te deseamos vendedor de clase mundial.

¡¡FELICES VENTAS!! ¡¡DISFRUTALAS!!

CAPITULO 18
LA CALIDAD EN LAS VENTAS

LA CALIDAD EN LAS VENTAS

Definición: lat. Qualitas; Superioridad, Excelencia en el servicio de las ventas.

Solo tenemos una regla para la calidad en las ventas:

CUMPLIR CON LO QUE SE PROMETE

Esto aplicaría a:

1. Tiempos de entrega, realmente es un dolor de cabeza para las empresas ya que el cumplir con los tiempos de entrega es algo que no ocurre como debería de ser, Si puedes cumplir perfecto, si no por favor no digas mentiras, comenta las cosas como son, persuade a tu cliente a que te de un poco más de tiempo, siempre en total honestidad (no inventes excusas) di las cosas como son, y exige a tu empresa a que cumpla con los tiempos de entrega, en el capítulo siguiente verás lo que es cohesión de grupo, el cual deberá ser aplicado en la empresa.

2. Apoyo técnico, es muy triste que te prometan decir o darte instrucciones técnicas para el mejor funcionamiento del producto o servicio, y que no te lo den. El cliente puede sentirse traicionado, engañado y decepcionado. Solo que un cliente en esta condición, te hará perder ventas potenciales. Así que cumple, si no sabes pide apoyo, infórmate haz lo que puedas para darle las instrucciones o indicaciones prometidas.

3. Servicio, si prometiste entregar algún producto de alguna forma en especial, simplemente cumple con lo establecido, si no está a tu alcance o no se puede por alguna razón, simplemente persuade a tu cliente hasta que lleguen a un Buen Acuerdo, y este satisfecho con la entrega del producto.

4. Información, si tu cliente te llama para pedirte información especial, porque así decía tu compromiso o tu carta presentación, y no la tienes simplemente consíguela y dásela, siempre infórmate de tu producto o servicio muy bien antes de comprometerte con algo, si no mejor no te comprometas.

5. Seguimiento, según el cliente el producto o servicio, puede ser de gran ayuda para tu cliente que le digas o le tomes algún pedido cuando sientes que ya se le va a acabar tu producto o servicio. Este seguimiento le hace sentir a tu cliente, que lo tomas en cuenta y que estas al pendiente de él.

LA CALIDAD EN LAS VENTAS

> Definición: lat. Qualitas; Superioridad, Excelencia en el servicio de las ventas.

Con la siguiente Norma:

CUMPLIR CON LO QUE SE PROMETE

Tiempos de Entrega.
Apoyo Técnico
Servicio
Información
Calidad del producto
Seguimiento

EL APOYO DE LA EMPRESA A SU VENDEDOR

El apoyo de la empresa a su vendedor se logra. Primero.- haciendo que la empresa funcione como una sola persona, ésta es función de la dirección general y es su responsabilidad que esto éste ocurriendo, por lo que para esto debemos de evitar que se formen subgrupos opuestos en la empresa, por ejemplo: un grupo de contabilidad contra un grupo de ventas, para esto úsese la escala de cohesión de grupo que mostramos a continuación y con el propósito de que la empresa este funcionando como una sola persona y apoye las decisiones de la venta en forma constante, tenaz, sistemática y metódica.

Segundo.- esto nos lleva al fenómeno de la sinergia, que es: el resultado de la acción conjunta de dos o más causas, pero caracterizado por tener un efecto superior al que resulta de la simple suma de dichas causas. Un ejemplo de esto sería si una persona trabaja en un proyecto junto con otra persona, el resultado de la fuerza del trabajo sería un equivalente a tres personas trabajando en el mismo proyecto.

Recuérdese que en la venta toda la empresa u organización debe funcionar como una sola persona, esto solo se logra con la escala de cohesión de grupo que se muestra a continuación y generando la sinergia en el grupo por medio de la dinámica:

¿Cómo saber que realmente la empresa esta apoyando en su totalidad a la venta?

Para esto contamos con un indicador que es la moral* del grupo; o sea moral alta es igual a alta cohesión del grupo; pero hay otro indicador más efectivo y éste es la producción, en otras palabras; alta producción igual a moral alta.

MORAL: Un sentimiento de unidad en el grupo, consistente en fortaleza del grupo y la satisfacción de que todo el grupo va en dirección a la meta.

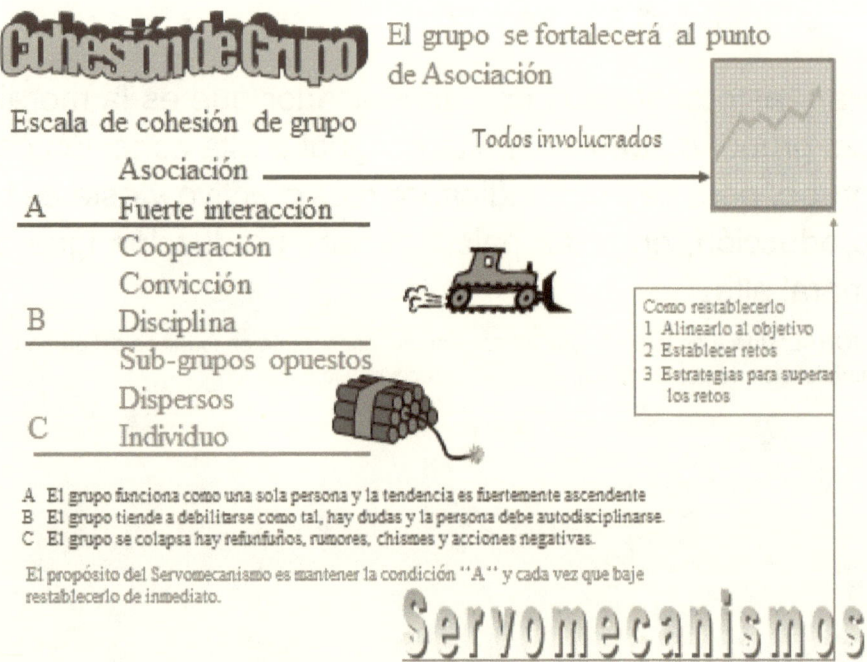

Cohesión de Grupo

El grupo se fortalecerá al punto de Asociación

Escala de cohesión de grupo

Todos involucrados

Asociación
A   Fuerte interacción
     Cooperación
     Convicción
B   Disciplina
     Sub-grupos opuestos
     Dispersos
C   Individuo

Como restablecerlo
1 Alinearlo al objetivo
2 Establecer retos
3 Estrategias para superar los retos

A El grupo funciona como una sola persona y la tendencia es fuertemente ascendente
B El grupo tiende a debilitarse como tal, hay dudas y la persona debe autodisciplinarse.
C El grupo se colapsa hay refunfuños, rumores, chismes y acciones negativas.

El propósito del Servomecanismo es mantener la condición "A" y cada vez que baje restablecerlo de inmediato.

Servomecanismos

SERVOMECANISMO: Sistema electromecánico que se regula por sí mismo al detectar el error o la diferencia entre su propia actuación real y la deseada.

Miremos esta escala de abajo hacia arriba, y encontraremos que en la condición C, el grupo se colapsa hay refunfuños, rumores, chismes y acciones negativas, aquí encontraremos que el individuo trabaja solo, se encuentra disperso, o está en sub-grupos opuestos.

Ahora tenemos la condición B, donde el grupo tiende a debilitarse como tal, hay dudas y la persona debe auto-disciplinarse, en este punto es necesario la disciplina para que le de fortaleza al grupo y lo haga salir de su condición de duda, logrando su fortaleza la gente empezará paulatinamente a entrar en una condición de convicción y luego estará en cooperación.

Y en la Condición A, el grupo funciona como una sola persona y la tendencia es fuertemente ascendente, aquí encontraremos fuerte interacción, y la gente estará en completa asociación, como en un equipo de futbol. Y con toda seguridad las estadísticas subirán y la cohesión de grupo se sentirá en un fortalecimiento y la obtención de metas y propósitos.

De esta escala lo que debemos aprender es a leerla; las personas como tal ingresan a la escala como individuos pero en el momento que forman parte de un grupo deben de hacerlo total y cabalmente, la condición de individuos debe desaparecer y es la condición de grupo la que debe de prevalecer, así que conforme a la escala es la condición "A" la que necesitamos y ésta es la que debe buscarse en toda la empresa u organización; siga los pasos de la escala de cohesión de grupo para ver que requiere hacer para cada situación.

Las personas que se individualizan o se encuentran aunque sea momentáneamente en el punto C de la escala, debe corregirse de inmediato en cualquier empresa, ya que los subgrupos opuestos dentro de una empresa están <u>trabajando</u> unos contra otros, la producción no se da. Esta es la muerte o la mediocridad para cualquier empresa, señor director no acepte estar en este punto de la escala.

Al grupo le hace falta disciplina.

Disciplina: significa instruir a una persona a seguir un determinado código de conducta u orden.

Señor director si quiere que su empresa funcione efectivamente pon disciplina férrea, que en ningún momento se debilite ésta, de lo contrario sufrirá las consecuencias.

La condición A, es la ideal para tu empresa señor director, actívela y haga que el grupo funcione como una sola persona; para esto le sugerimos que cree un nuevo puesto en la empresa, que se puede denominar: el ejecutivo de Ética, Esta persona sería el "Servomecanismo" quién detectando los indicadores del personal deberá trabajar en forma individual para hacer que la empresa tenga cohesión de grupo, su función es mantener la alta producción en la empresa; porque es la alta producción la que maneja la moral del grupo, la que lo fortalece, la que da vida y vigor como grupo haciéndolo funcionar como una sola persona.

A la pregunta ¿Cómo restablecemos a una persona que se encuentra en la condición "C"? y ¿cómo llevar el grupo a la Condición "A"? primero le preguntamos ¿Cuál es el objetivo de tu puesto? Si nos contesta correctamente a esta pregunta; le ponemos un reto relacionado con el

VENDEDOR DE CLASE MUNDIAL

objetivo y le decimos que nos haga una estrategia para alcanzar ese reto, si la estrategia es valida le damos las facilidades para que efectué lo necesario y obtenga el cambio.

Si no puede contestar esta pregunta, entonces el ejecutivo debe darle el objetivo del puesto establecer los retos, y hacer que la persona trabaje en las estrategias para solucionar los retos.

Siempre, siempre, siempre, manténgalos ocupados, trabajando, produciendo, esto los mantendrá en buena forma y salud mental.

Señor director recuerde que sus vendedores requieren del grupo completo de la empresa para el apoyo de las ventas.

Por lo que se sugiere que establezca a su grupo de personas en la posición "A" para que el grupo funcione como una sola persona EN APOYO A LAS VENTAS.

CAPITULO 19
¿QUÉ PAPEL JUEGA LA ORGANIZACIÓN EN LA VENTA?

¿QUÉ PAPEL JUEGA LA ORGANIZACIÓN EN LA VENTA?

Imagínate un mundo donde nadie vende nada, no hay productos ni servicios que vender, nadie tiene nada que vender... ¿Qué pasaría...?

Estaría medio muerto, ¿no?... bueno cuando te decimos que las ventas son la vida de una empresa, también es la vida de una sociedad.

Hay trabajo, hay productos y servicios que ofrecer y así se hace ¡el gran juego de la vida!

Las empresas son el motor de la economía, pero sin vendedores, no hay negocio.

Así que coordinarse, estar en una buena cohesión de grupo, trabajar para lograr metas y objetivos ambiciosos, es como tener una brújula, para no perderse en el camino.

¿POR QUÉ ES TAN IMPORTANTE EL APOYO GENERAL DE LA ORGANIZACIÓN EN LA VENTA?

Se requiere de buenos y grandes líderes que dirijan el mundo, pero en una empresa es vital que nuestros directores y gerentes tengan ese toque de liderazgo que le pueda llegar a todos y cada uno de los trabajadores, para que estos trabajen con y por una meta, y siempre deseosos de mejorar.

Así cada una de las áreas de una empresa deberá tener un líder que sepa llevar a su gente al éxito y obtención de las metas, y todos trabajando en cohesión de grupo, lograr una empresa que pueda FLORECER Y PROSPERAR.

Las ventas por lo tanto deberán ser apoyadas por cada uno de los líderes y de los trabajadores de la empresa para hacer una empresa altamente RENTABLE.

EL FUTURO DE LAS VENTAS EN EL MUNDO.

Con este libro queremos lograr un mundo mejor en donde las empresas logren sus propósitos, la economía se encuentre sana. El futuro al fin puede ser predecible, porque ahora tienes un libro a nivel científico, ya que contiene leyes naturales, y las ventas cuando se vuelven impredecibles o aleatorias es porque no se está considerando desde una base científica.

"La seguridad no es algo estático. La seguridad sólo se encontraría en la confianza de un hombre en alcanzar sus metas y, de hecho, en que tenga metas que alcanzar".

L. Ronald Hubbard.

GLOSARIO

ABSTRACCIÓN: Separar por medio de una operación intelectual las cualidades de un objeto para considerarlas aisladamente o para considerar el mismo objeto en su pura esencia o noción.

ALGORITMO: 1. Conjunto ordenado y finito de operaciones que permite hallar la solución de un problema. 2. Método y notación en las distintas formas del cálculo.

ANALISIS: en sentido amplio, es la descomposición de un todo en partes para poder estudiar su estructura, sistemas operativos, funciones, etc.

BENEFICIO: provecho o mejora que se obtiene como consecuencia de algo.

CARTESIANO: Se aplica a la persona, escrito o pensamiento que es extremadamente metódico, lógico o racional.

CONDICION DE SER: 1.- Significa otorgarle vida a algo, permitir o aceptar que otras personas sean lo que son.

CONFORTABLE: Que conforta, alienta o consuela. Sinónimos; agradable, cómodo, amable, afable, generoso, hospitalario, sociable.

COROLARIO: (del latín corollarium) 1. Es un término que se utiliza en las matemáticas y en la lógica, para designar la evidencia de un teorema o definición ya demostrada, sin necesidad de tener que invertir esfuerzo adicional en su demostración. En pocas palabras, es una consecuencia tan evidente, que no necesita demostración.

CRIMEN: 1. Acción de gran maldad o irresponsabilidad que tiene consecuencias graves.

DINÁMICA: 1. es la parte de la física que describe la evolución en el tiempo de un sistema físico en relación con las causas que provocan los cambios de estado físico y/o estado de movimiento. El objetivo de la dinámica es describir los factores capaces de producir alteraciones de un sistema físico, cuantificarlos y plantear ecuaciones de movimiento o ecuaciones de evolución para dicho sistema de operación. 2. En otros ámbitos científicos, como la economía o la biología, también es común hablar de dinámica en un sentido similar al de la física, para referirse a las características de la evolución a lo largo del tiempo del estado de un determinado sistema.

ENTE: Lo que es, existe o puede existir.

EPISTEMOLOGÍA: Doctrina de los fundamentos y métodos del conocimiento científico.

ESTRATEGIAS: Principios y rutas fundamentales que orientarán el proceso administrativo para alcanzar los objetivos a los que se desea llegar. Una estrategia muestra cómo una institución pretende llegar a esos objetivos.

GARLITO: 1. Celada, lazo o asechanza que se arma a alguien para molestarlo y hacerle daño. 2. Sorprenderle en una acción que quería hacer ocultamente.

HIPOTESIS: es una proposición aceptable que ha sido formulada a través de la recolección de información y datos, aunque no esté confirmada, sirve para responder de forma alternativa a un problema con base científica.

INGENIERÍA: Aplicación de las ciencias, a la invención fisicomatemática, perfeccionamiento y utilización de la técnica industrial. Conjunto de los estudios que permite determinar, para la realización de una obra o de un programa de inversiones, las orientaciones más deseables, la mejor concepción, las condiciones de rentabilidad óptimas y los materiales y procedimientos más adecuados.

MARKETING: Es el diseño, creación y transformación de un producto hasta ponerlo en las manos del usuario.

MEROLICO: 1 Persona que vende medicamentos y baratijas en las plazas públicas anunciándolas con una retahíla de promesas, relatos de curaciones maravillosas, ofertas extraordinarias, etc. 2 Hablar como merolico Hablar mucho sin decir nada.

MORAL: 1. Un sentimiento de unidad en el grupo, consistente en fortaleza del grupo y la satisfacción de que todo el grupo va en dirección a la meta. 2. La moral es el conjunto de creencias y normas que guían y orientan el comportamiento de las personas, individualmente o en grupo, en una sociedad determinada, es algo así como el parámetro que estas tienen para saber cuando algo está mal o bien.

OBVIO: Que se encuentra o pone delante de los ojos. Muy claro o que no tiene dificultad.

PRODUCTO FINAL VALIOSO: Es aquel que puede ser intercambiado porque tiene un valor x, y mientras sea "apto para el uso" tendrá valor.

PROLEGÓMENO: Tratado que precede a una obra y recoge los fundamentos generales de la materia sobre la que versa el escrito.

RAPPORTT: El Rapport es una condición excelsa o afinidad emocional provocada por la admiración en la que el cliente entra en gran confianza con el vendedor y sus productos, y empieza a cooperar con él.

RE-INGENIERÍA: La aplicación de principios científicos, para mejorar los procesos y adecuarlos a los requerimientos del cliente.

RETAHILA: Serie de muchas cosas que están, suceden o se mencionan por su orden.

SINTESIS: es un método que procede de lo simple a lo compuesto, de los elementos al todo, de la causa a los efectos, del principio a las consecuencias.

SOLVENTE: 1. Lo que suelta o resuelve. 2. Se aplica a la sustancia que puede disolver o producir una mezcla homogénea con otra.

SUMMA CUM LAUDE: 'con máximas alabanzas' (excepcional), es el reconocimiento por un desempeño poco común, sólo esperado en mentes brillantes.

SUMMA CUM LAUDE: Con máximas alabanzas (excepcional).

SÚMMUM, significa el grado más alto de algo.

SUPERSTICIÓN: 1. f. Creencia extraña a la fe religiosa y contraria a la razón. 2. f. Fe desmedida o valoración excesiva respecto de algo. 3. Es la creencia en que un determinado fenómeno o situación tiene una explicación mística, mágica o simplemente asumida cultural, social o religiosamente sin ningún tipo de evidencia científica.

UNIVOCO (A): Que sólo tiene un significado, por lo que sólo puede entenderse de una manera. Se aplica a la palabra, expresión, etc., de un solo significado y a este significado.

VENTA: Es crear una acuerdo entre el vendedor y la persona que utilizara el producto o servicio.

EPILOGO

Las ventas son el motor de la sociedad, prácticamente un DINAMO como maquina para transformar la energía productiva en energía económica; así es que las ventas no deben pasarse por alto ya que en su condición primaria ejercen gran influencia en la economía de un país.

Y así con las ventas funcionando a todo vapor, un país entra en el concierto de otros países y se agrega a la economía internacional.

Pero ¿Qué papel jugara el vendedor clase mundial en el futuro? Será un papel preponderante y brillante que podrá llevar a ese país a niveles superiores de la economía.

Así es que vendedor clase mundial tu eres la persona clave del futuro y en ti confía tu país para lograr lo arriba expuesto.

www.ingramcontent.com/pod-product-compliance
Lightning Source LLC
Chambersburg PA
CBHW032013170526
45157CB00002B/682